JN165046

建築の森・熊本を歩く

田中智之＝著

Walking into Kumamoto, Forest of Architecture

Tomoyuki Tanaka

［彰国社］

［ブックデザイン＝西村祐一／Rinishuna］

Walking into Kumamoto, Forest of Architecture

はじめに

田中智之

漱石が第五高等学校に赴任した際、京町台地から眼下のまちを眺め「森の都だな」とつぶやいたのはあまりにも有名な話。ですが、今彼が熊本のまちを見渡したら「建築の都」あるいは「建築の森だな」とツイートするかもしれません。

そう、今熊本は日本中いや世界が注目する建築都市なのです。

まずは熊本城をはじめとする城郭、武家屋敷、町家など、江戸時代からの城下町建築が数多く残っています。1877年の西南戦争や1945年の熊本大空襲で多くの建物が消失しましたが、戦火を免れた寺社や町家、戦後に再建された建物など、数多くの建築や街並みを現在も見ることができます。熊本城の宇土《うと》櫓《やぐら》は築400年以上が経過した木造建築であり、先の熊本地震を経て今も生き続けています。

加えて明治・大正期の近代建築も豊富です。例えば、かつて熊本随一の目抜き通りであった唐人町通りの一等角地にそびえていた古町の旧第一銀行。築100年に迫るRC造建築は長らく空き家となっていましたが、2001年に先進的なリノベーションが施され、新旧が融合したオフィス兼多目的空間として利活用されています。

そして現代建築では「くまもとアートポリス」が有名です。後世に残る文化的資産を創造することを目的として1988年から始まった事業は全国初の試みであり、2017年の時点でプロジェクトは100を超えています。またいわゆる有名建築家によるプロジェクトにとどまらず、既存建築物を文化的資産として位置づけるための「選定既存建築物」制度や、住宅をはじめ地域の優れた建築を施主・施工者・設計者のチームで顕彰する「アートポリス推進賞」など、幅広い活動を展開しています。熊本に続けとばかりに他の自治体が似たような事業を1990年代に始めましたが、今も継続しているのは熊本だけのようです。

筆者が熊本大学に赴任した際、これほど多様な建築が数多く現存していることに驚きましたが、さらに興味深かったのは、これら建築がどのように建っているかということにあります。一般的なまちには駅を中心とした商業地域があり、その周囲に住宅地が展開し、部分的に歴史的な地区や旧市街が寄り添い、郊外にロードサイドタウンがスプロールしています。つまり体系的にゾーニングされたエリアとそれに相応しい建築が対応し、ある程度まとまりをもって建っているものです。それに対し、駅ではなく城跡と広大な緑が中心に鎮座し、依然城下町がまちの骨格をなしている熊本では、近代的なゾーニングが敷かれることなく発展を続けたことによって、古くからの商店街や、町家が建ち並ぶ街道、リノベーションが進む古民家街や新しいショッピングストリートなど、まるでゾーニングという大きな〝泡〟が撹拌され小さな泡となり、微小なエリアが充満しているようなイメージが

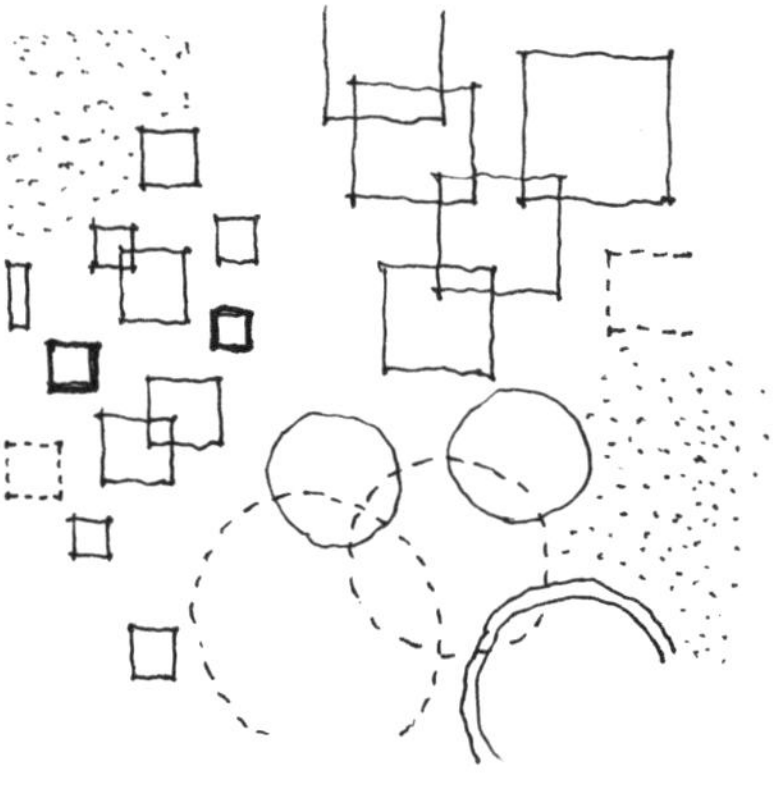

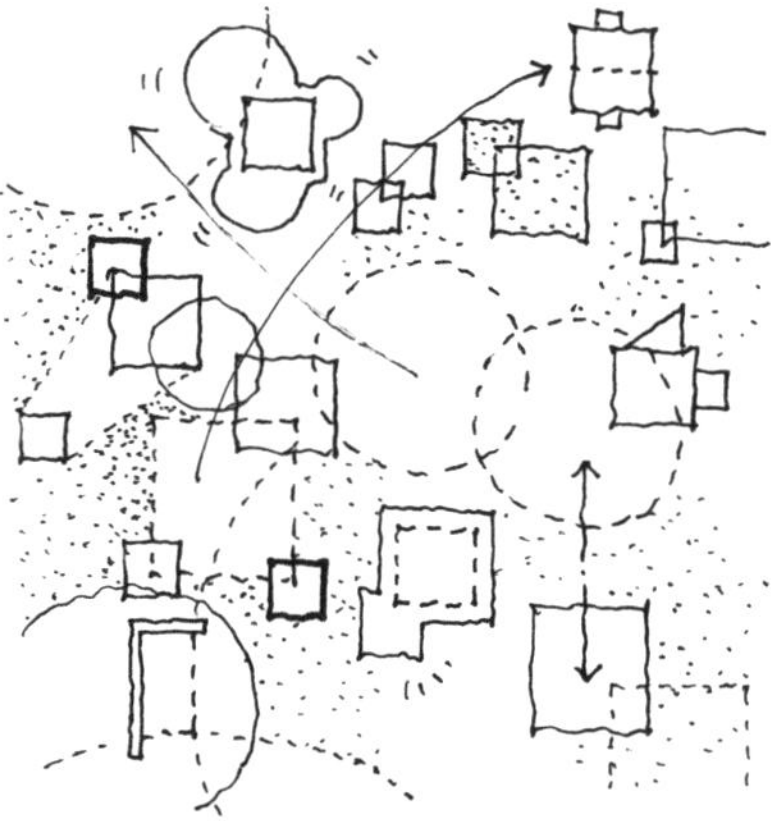

あります［図］。

その結果、いろんな機能やバックグラウンドを持った建築の混在が起こっているのです。これは城下町などの歴史的な都市の特徴でもあり、何も熊本に限った現象ではないのですが、他都市と比べてそれが顕著に起こっているような気がします。

これは森と似ているとは思いませんか。

森にはさまざまな樹木や植物があり、それぞれが適した環境のなかで生息していると同時に全体として秩序が保たれ、大きな生態系を維持形成しています。多種多様な建築がそれぞれの背景や時間軸を持ちながら生きながらえていると同時に、活力のあるまちが形成されている——まさしく〝建築の森〟なのです。

そんな建築の森をどのように歩くとたのしいのでしょうか。森をひとりで漫《そぞ》ろ歩きするのも悪くはないですが、森をよく知る達人と共に歩くと、そのたのしみは倍増します。森の達人は例えば「森の番人のような木は……」「動物の住処に適しているのは……」「食べられる野草は……」というように、無数にある森の要素に対していろんな見方を教えてくれます。ただ漫然と手当たり次第に見ているよりも、多くの出合いや発見を得ることができるでしょう。

本書はそのような本です。建築の森の中を、「環境と調和する新種は……」「多声音楽のような変わり種は……」「皮膚の進化形は……」というように、毎回さまざまな〝眼鏡〟をかけて森を歩きます。それに見合った興味深い建築を二つずつ紹介し、その意外な組合せを比較したり深掘りしたりすることで、いろいろなことを考えます。

35の眼鏡をかけ70の種をたずね歩くことを通して、今まで見えなかったものが見えてきたり、新たな〝建築の見方〟に気付くことでしょう。

では、建築の森・熊本を一緒に歩きましょう。

［目次］

Walking into Kumamoto, Forest of Architecture

Contents

うつろう

環境を活かし変化する表情

Architecture
01 熊本中央警察署
02 熊本南警察署熊本駅交番

Keywords
・環境と調和
・構造発色

まずは「うつろう」と題し、色に関する眼鏡をかけます。

私たちの身の回りにはさまざまな色が存在しますが、それらは色素による一般的発色と、構造による発色に分けることができます。後者の「構造発色」は、それ自体には色がないのに、光を受けてさまざまな色に発色するもので、身近なものにCDやシャボン玉、蝶々の羽があります。

そんな「構造発色」する建築があるのです。見る方向や時間によって色彩や表情がうつろう建築とは、どのようなものでしょうか。

まずは国道3号線沿いの白川公園に参りましょう。大楠のすきまから逆三角形状の建物が見え隠れしています。「熊本中央警察署」です。ガラス張りの立面には青い空と周囲の街並みや緑が映し出されています。夕方には西の赤く焼けた空、夜になると内部空間と構造骨格が浮かびあがります。

なんだ、ガラス張りだと「構造発色」になるんじゃないの？……いやいやそれだけでは不十分です。

ポイントはまずガラス。これは熱線反射ガラスと呼ばれる省エネガラスで、不要な日射光線を反射し、鏡のような表情をつくります。加えてフレームレスであること。最近の薄型テレビのように太い額縁がないことで画面がスッキリし、風景をきれいに映すことができます。この現代的なデザインが四半世紀以上も前のものであることに驚きます。そして最後は、かなり繊細ですが重要です。ガラスの細い枠線と、輪郭の大きなギザギザの角がずれています。これにより建物の輪郭が曖昧になり、映しだされる風景が主役となるのです。これら数々の工夫によって、ガラスと枠線による建物がさまざまに「発色」するのです。

01

熊本中央警察署

熊本市中央区草葉町

設計は篠原一男［篠原一男アトリエ］、太宏設計事務所。1990年竣工。くまもとアートポリス事業第1号。2017年10月「熊本北警察署」から名称変更。

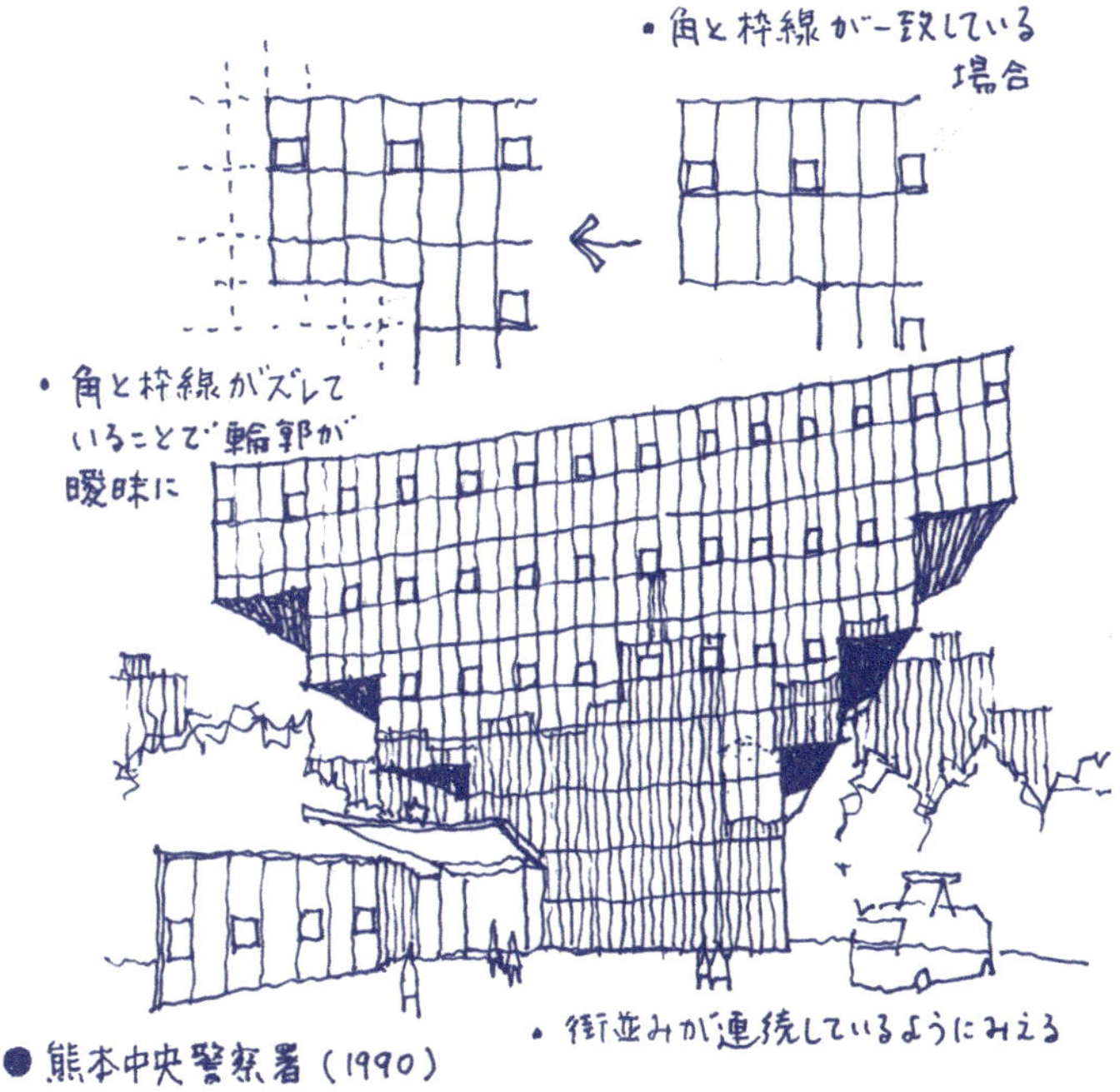

・角と枠線が一致している場合
・角と枠線がズレていることで輪郭が曖昧に
・街並みが連続しているようにみえる
●熊本中央警察署（1990）

建物の輪郭線が抑制され、ガラスに映る風景が主役になっている。

つぎに九州新幹線が全線開業したＪＲ熊本駅の白川口に参ります。「しゃもじ」と呼ばれている電停の南側に、かわいらしい白黒の建物があります。２０１１年３月に竣工した「熊本南警察署熊本駅交番」です。通りがかりの女子が「水族館みたい」とつぶやいていましたが、確かに交番には見えません。白の帯に大小の水玉がぷかぷかと浮いており、いろいろな角度から見ると水玉の色が変化します。この水玉、実は孔《あな》があいており、屋上に塗られた多彩な色を切り取って見せているのです。時には背後の緑や空を切り取ることもあり、目をたのしませてくれます。

これも「構造発色」モノです。もし水玉が孔ではなく、表面にペンキで塗られたものであったらどうだったでしょうか。うろうろしてもこのように色の構成が変化したり、陽の加減で表情が変わったりすることはなかったでしょう。眼の保養になる交番は世界初かもしれません。

環境と調和する建物のデザインにはいくつか方法がありますが、周辺環境に合わせて色彩や素材を選択し施すことが、その主なやり方です。ただそれでは色や表情が固定的であり、変化に乏しいものとなってしまいます。ここで紹介した警察署と交番は、見る場所や時間に応じてそれらがうつろい変化する、新しい考え方を取り入れたものなのです。

02

熊本南警察署熊本駅交番

熊本市西区春日

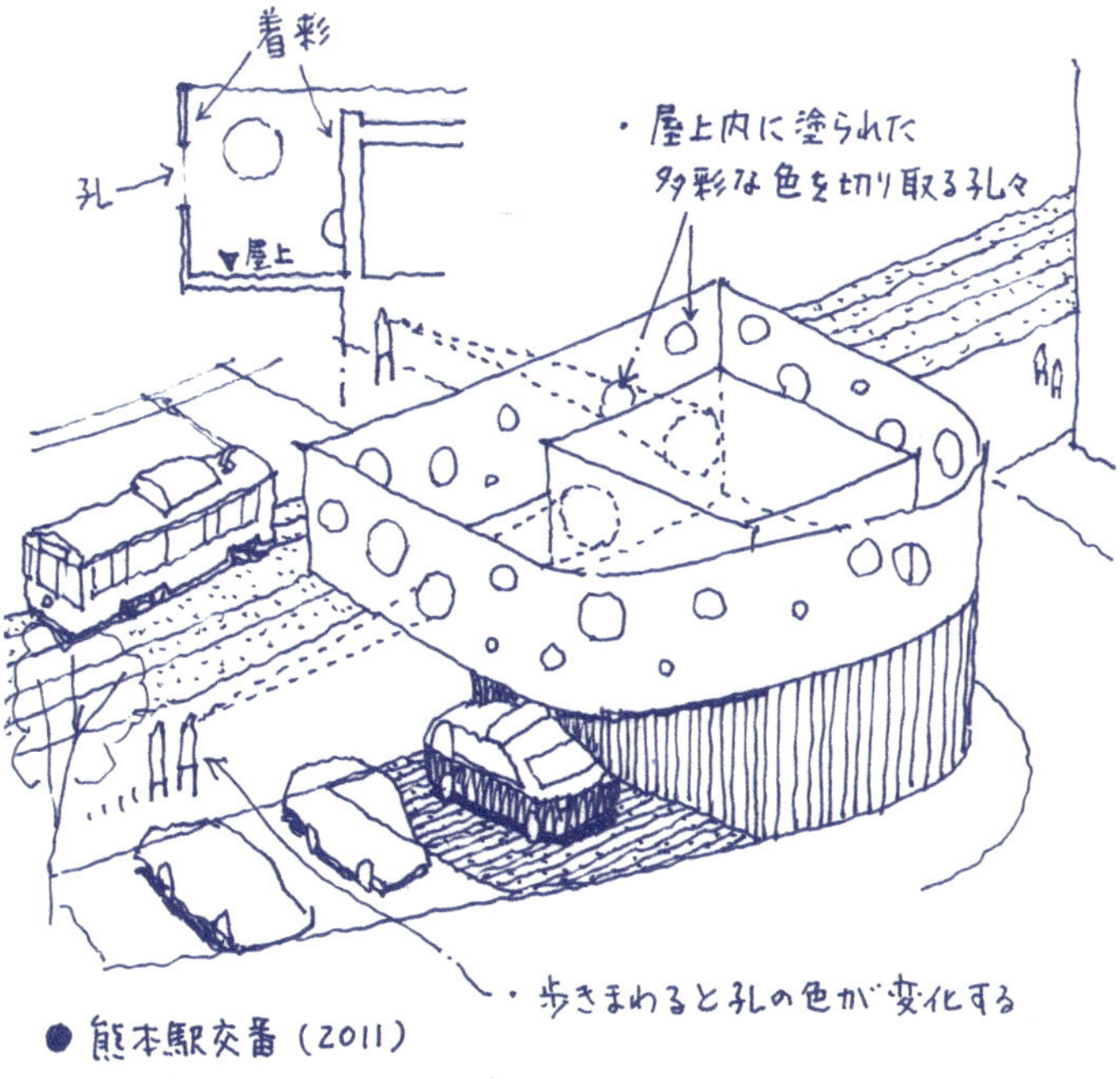

東京を拠点に活動する、イタリアと英国出身の建築家によるクラインダイサムアーキテクツが設計。２０１１年竣工。

水玉の孔から多彩な「色」があふれ出し見る方向に応じて変化する。

つむぐ

小さな部材組み大空間に

03 小国ドーム
04 芦北町地域資源活用総合交流促進施設

・アントニオ・ガウディの逆さ吊り模型
・小から大をつくる

世界遺産でもあるバルセロナのサグラダ・ファミリアに、一風変わった展示があります。地下資料室の天井から「U」の字形に紐がたくさん吊り下げられています。紐には一定間隔で無数の小さな砂袋が結びつけられ、ゆるやかに先細った「U」を多数つくり出しています。その姿は鏡張りの天井で反転され、何かと似た姿を映し出している気が……。そう、地上のサグラダ・ファミリアの骨組みの形なのです。

ガウディはこの紐と砂袋による模型を用いて、自然に逆らわない、重力がつくりだす自然のカーブを探求しました。そしてその形通りに小さな石を積み上げることで、自然がつくりだす理想的な形態を持つ大聖堂を築こうとしたのです。

建築はある意味では重力や地震など、地球の力との闘いでもあります。古くから建築家はその闘いにさまざまな方法で挑み、名建築を生み出してきました。例えば優雅な曲線の吊屋根を持つ「国立代々木屋内総合競技場」[設計：丹下健三]は自然に従順な形を持っており、強さと美しさを兼ね備えた建築と賞賛されています。

しかし代々木競技場をはじめとする近代建築の多くは、大きな鉄骨フレームや吊ケーブル等により全体をつくり出してきました。このような「大から大を生む」方法に対し、「小から大をつくる」方法、いわば「つむぐ」姿勢を持った建築が最近多くなってきたように思います。小さなものを工夫して組み合わせ、強さと美しさを持った大建築や大空間をつくる――そんなガウディのような建築が熊本にもあるのです。

まずは小国町の「小国ドーム」へ参りましょう。小国小学校と小国中学校の間から、大きな球面状の屋根を

03

小国ドーム
阿蘇郡小国町宮原

葉祥栄［葉デザイン事務所］設計。町民体育館として1988年竣工。89年度日本建築学会賞を受賞。

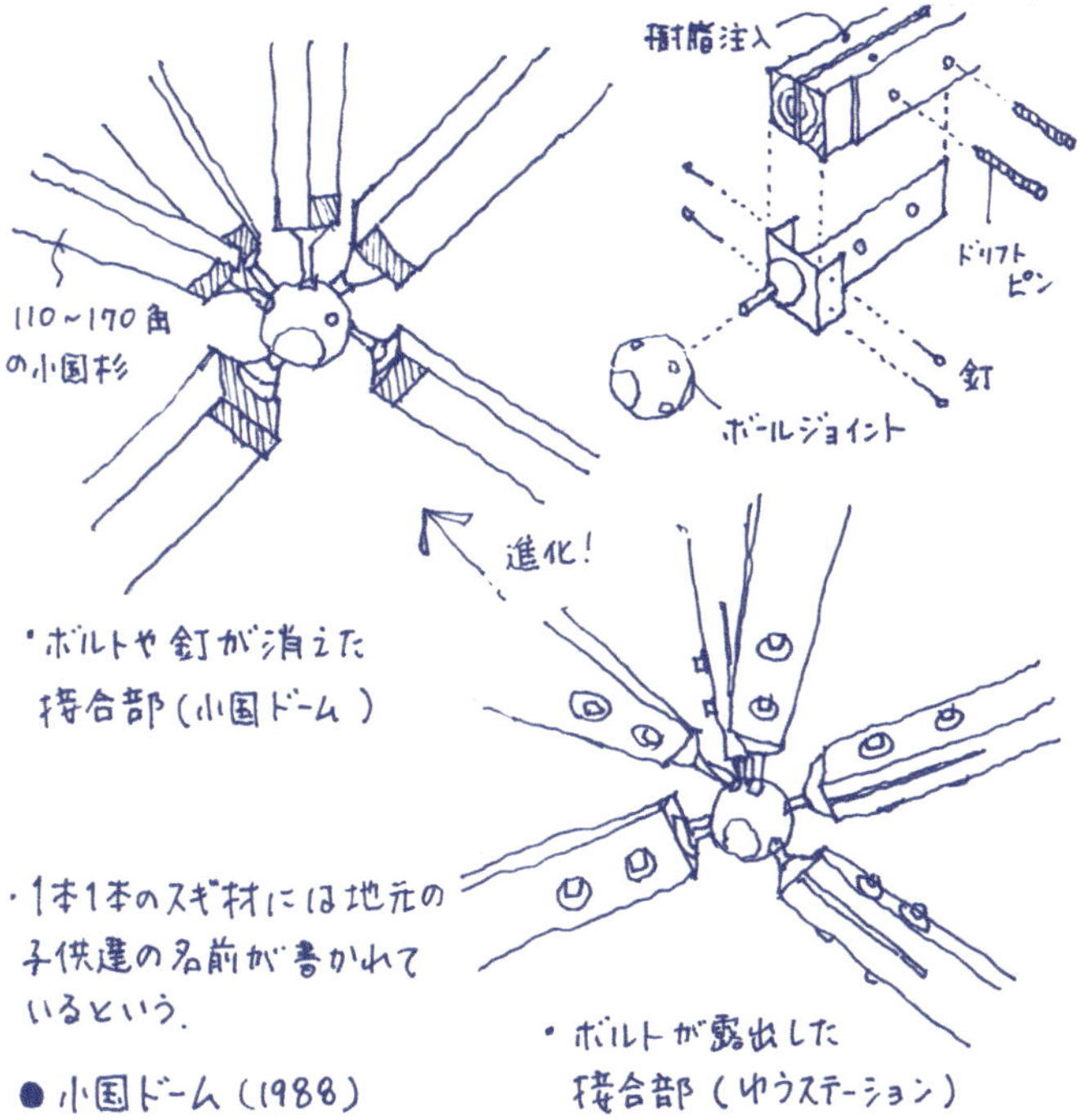
樹脂注入
ドリフトピン
釘
ボールジョイント
110~170角の小国杉
進化！
・ボルトや釘が消えた接合部（小国ドーム）
・1本1本のスギ材には地元の子供達の名前が書かれているという。
●小国ドーム（1988）
・ボルトが露出した接合部（ゆうステーション）

四周より反映した光を受け、ふわっと屋根が浮いている印象。

持つガラス張りの建物が見えてきます。内部は整然と編み込まれた5602本のスギ角材に大きく包まれ、圧巻です。この屋根は「立体トラス」という構造ですが、木材でここまで大きな空間を実現した例は珍しい。また部材が細い！ よくある体育館を思い出してみてください。梁は1メートルを超えるものも珍しくありませんが、それに比べると糸のような繊細さです。さらに部材と部材をつないでいる接合部が見所です。微妙に太さの異なるスギ材を、たくさんのネジ穴を持つ鉄のボールがつないでいます。しかし木材とボールの関係が一見よくわかりません。特に釘やボルトもなくシンプルに接合されており、空間全体をスッキリと見せています。同じ組み方をしている近くの「ゆうステーション」（設計：葉祥栄）と見比べてみると、接合方法が進化していることがわかります。

つぎは大きく南下して芦北町の「芦北町地域資源活用総合交流促進施設」へ。外見は小国と同じく球状の大屋根ですが、コンクリートの壁に囲われている印象。ところが、内部には意外な空間が広がっています。それは竹カゴならぬスギカゴをひっくり返したような空間です。しかもこのカゴは装飾ではなく厚さ120ミリ、幅900ミリのスギ集成材により本当に「編み込まれた」構造体であることに驚きます。地場産材の香りに満ちた心地よい空間は、「小部材から大部材をつくる集成材という現代技術」×「それを編みカゴのように組む設計や施工の工夫」により、見たことのない空間を生みだしています。

両者ともぜひ実際に体感してほしい空間です。

04

芦北町地域資源活用総合交流促進施設

葦北郡芦北町花岡

高橋晶子・高橋寛「ワークステーション」設計。
体験交流室と研修室群からなる地域交流施設。2009年竣工。

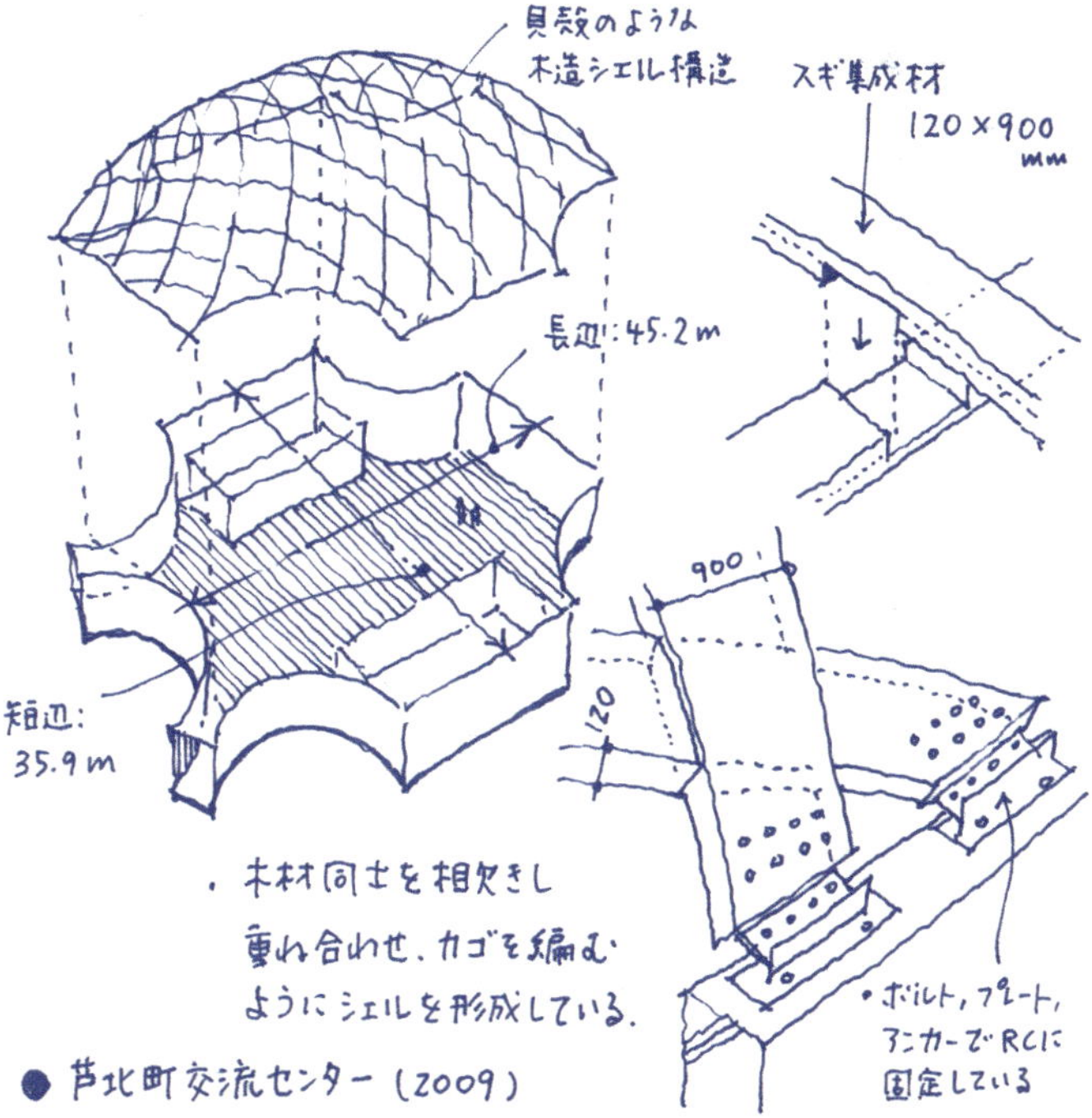
貝殻のような
木造シェル構造
スギ集成材
120×900
mm
長辺:45.2m
短辺:
35.9m
900
120
・木材同士を相欠きし
重ね合わせ、カゴを編む
ようにシェルを形成している。
・ボルト、プレート、
アンカーでRCに
固定している
● 芦北町交流センター（2009）

設計者は「ありそうでなかったもの」
と説明しているが、
本当にここでしか見ることができない
構造と空間。

のぞむ

窓をめぐる巨匠の論争

Architecture

05　熊本県立あしきた青少年の家

06　ＪＲ熊本駅白川口（東口）駅前広場

Keywords

・オーギュスト・ペレとル・コルビュジエ
・窓論争
・縦長の窓と横長の窓

窓の形について考えたことがありますか？ 窓には正方形、丸、縦長、横長などいろいろありますが、それらがどんな特徴を持ちどんなシーンに似合うのか。ましてや他人と論争を繰り広げたことなど、なかなかありませんよね。

建築の世界ではかつて「窓論争」がありました。１９２０年代、ある窓を舞台に、オーギュスト・ペレとル・コルビュジエというモダニズムを代表する建築家がモメています。その窓とはコルビュジエが母のために設計した「小さな家」の長さ11メートルもある連続水平窓で、スイスのレマン湖をパノラマサイズで切り取ります。湖面をボートが水平に横切る様は、まるで映画のスクリーンさながらです。果たして二人は何をモメたのでしょう。

「縦長の窓は人間の額縁である」と語る縦長派ペレは、この横長窓について「スピード感を誇示するように水平に走る横長窓は、縦長窓が示す人間的な表情からあまりに遠い」と酷評。縦長窓はヒトの大きさや比率に近く、人間的であるという主張です。これに対してコルビュジエは、「いやいや縦長窓による空間は暗く、横長窓は全体を明るくできる！」と反論。片や人間性を主張し、他方は光で反論。議論は噛み合うことなく収束せずといった具合。

どちらが正解ということはないが、それぞれ長所とともに短所があります。縦長窓は大地から空までを包み、風景の全体像や構成を見せるのに向く反面、インパクトには欠ける。一方横長窓は天地を切り捨てることでダイナミックなパノラマを形成できるが、どこか優しさが欠けたものに。

縦長なのに印象的な窓や、横長なのに人間的な窓は有り得ないのだろうか……。われらが建築の森を

05 熊本県立あしきた青少年の家

葦北郡芦北町鶴木山

屋外大階段のある管理・研修棟と体育館の設計は鈴木了二［鈴木了二建築計画事務所］。1998年竣工。

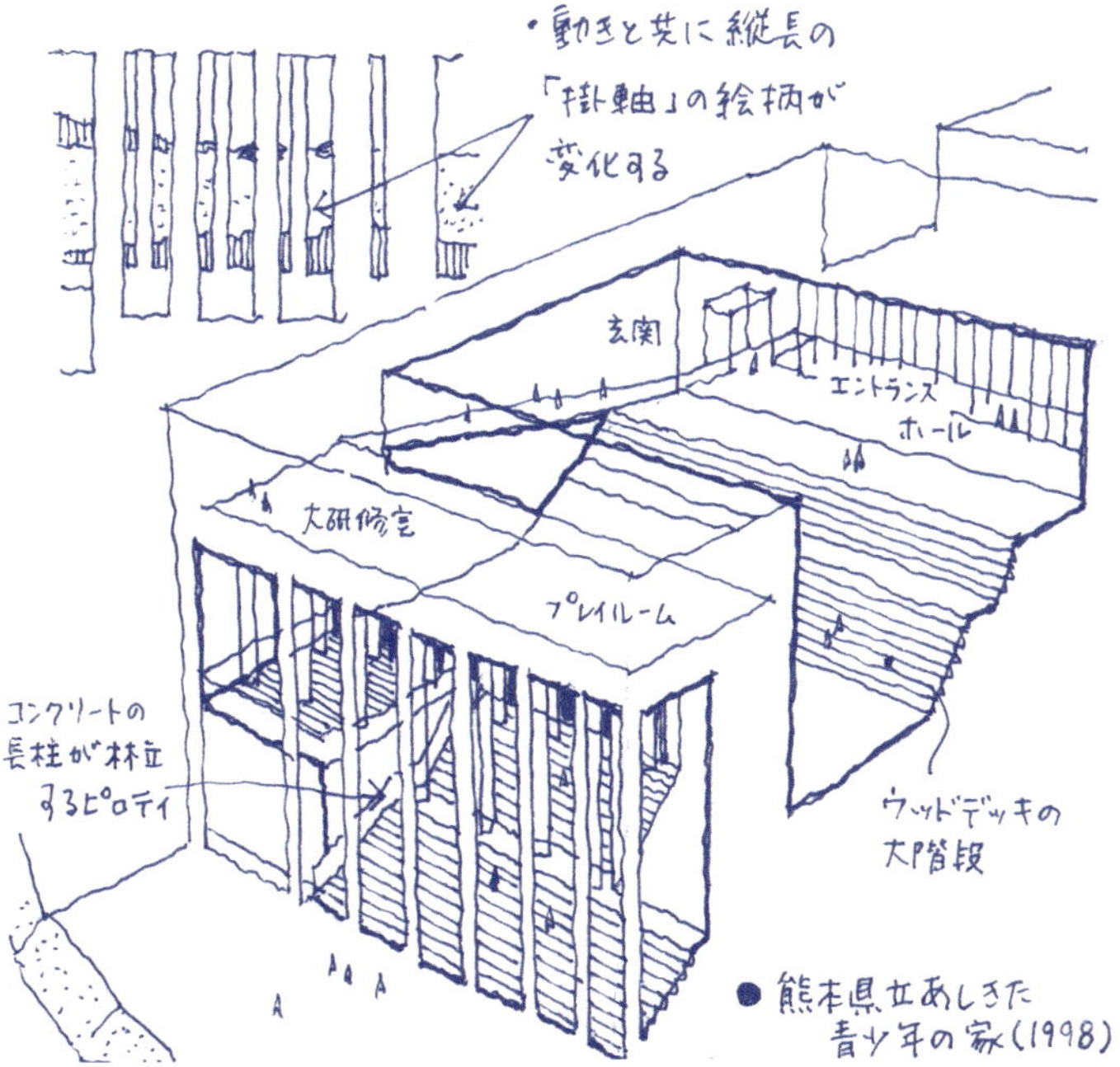

キリッとしたフレームにより多種多様な「掛軸」が浮かび上がる。

辿ってみましょう。

エーゲ海にも例えられる穏やかな海を望む「熊本県立あしきた青少年の家」の屋外大階段にて、その「縦長窓」を発見！

海岸へのアプローチであるウッドデッキの大階段は、空中に浮かぶ研修室と、それを支える柱に囲われた中庭のようでもあります。この大階段を下りていくと、次第に長いコンクリート柱たちが風景を縦長に切り取り始め、白浜、海面、天草の島々、青い空という一連の風景要素を「掛軸」に納めていきます。動きと共に「掛軸」の絵柄が変化するので、お気に入りの風景画をつくることができます。そして、何故かその絵は縦長であるのにもかかわらず、目に焼き付くような強い印象を与えます。額縁となる角柱の縁がシャープであり、キリッとトリミングしていることにより風景が引き締まって見えるからでしょうか。

つぎは「横長窓」を求めてＪＲ熊本駅へ。お目当ては白川口（東口）駅前広場に浮かぶ大屋根の空間です。多くの人がそう称しているようにこの屋根は「しゃもじ」のごとく独特のカーブを描いており、地面の陰影と共に周囲の風景を帯のように切り取ります。構図としてはコルビュジエと同様に映画のスクリーンのようですが、何かが違います。

どこか優しい感じがするのです。水平フレームがカーブであることと、おそらく天井の光沢がその要因でしょう。質のよいコンクリート面には艶があり、光や周囲の色彩をじわっと映し出しています。これにより水平に切り取られた風景の輪郭が曖昧になり、明るく優しい印象を生み出しているのです。

人間的な、そして情景的な映画を見ているようです。

06 JR熊本駅白川口（東口）駅前広場

熊本市西区春日

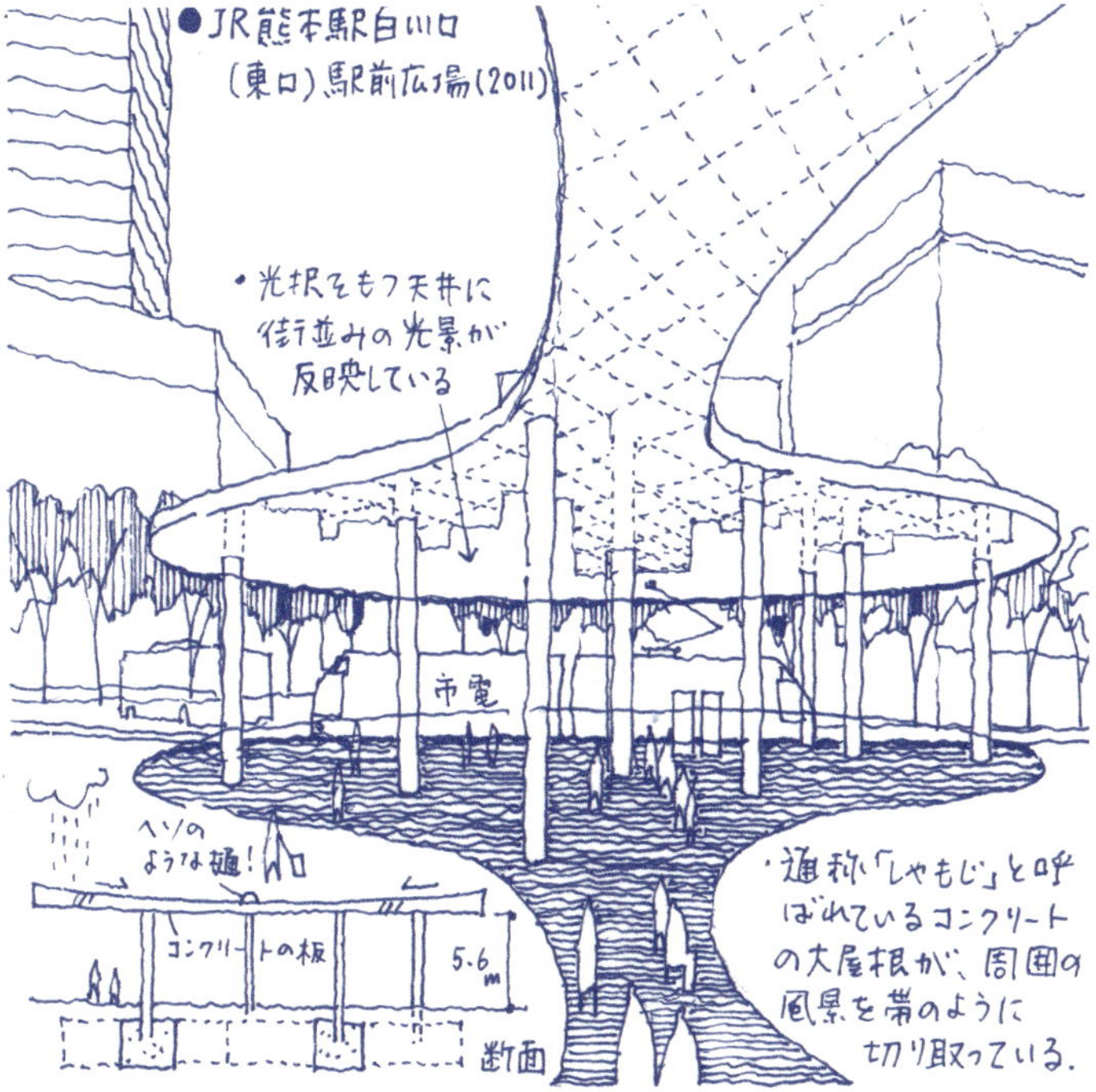
●JR熊本駅白川口
（東口）駅前広場（2011）
・光沢をもつ天井に
街並みの光景が
反映している
市電
ヘソの
ような樋！
コンクリートの板
5.6m
断面
・通称「しゃもじ」と呼
ばれているコンクリート
の大屋根が、周囲の
風景を帯のように
切り取っている。

設計は西沢立衛［西沢立衛建築設計事務所］。
2011年3月暫定形完成。

映画のように切り取られた風景が天井に「にじむ」ことで、優しい印象を生み出している。

ととのう

「＋」と「－」で理想の形

07 馬見原橋
08 熊本駅前立体横断施設

Keywords
・吉阪隆正
・構築と切除のバランス

形をつくり、空間を生み出す方法は大きく二通りあります。「足し算」型の方法と「引き算」型の方法です。木をたくさん植えて森をつくっていくのは「＋（プラス）」型で、その中から数本を間引きし、例えば広場をつくるのは「－（マイナス）」型のつくりかた。

日本のモダニズムを代表する建築家・吉阪隆正は、その二つの手法が「創造の根」であると考え、その二つから生み出される形こそが、人間がつくる形姿として理想的かつ新しいと考えました。つまり「＋」と「－」をあわせ持つ形態こそが最高！という考えです。なかなかイメージしにくい話ですが、有名建築から身近な建造物まで幅広く見られる、形を調えるメカニズムなのです。

例えば門型の建造物。パリの凱旋門が有名ですが、組石造りの巨大な塊を構築し（＋）、アーチ状のトンネルを削り取ったような（－）構成を持っています。これは橋にもよく見られる形です。特に石橋。大きな石積みから雄大なアーチをくりぬいた山都町の通潤橋にも、「＋」と「－」がバランスよく同居しています。

また、吹き抜け空間を持つ建築にもこの構成を見ることができます。吹き抜けは、主に光や風を取りこむ機能性、見る・見られるといった演出性などが特徴として知られています。さらにこれを造形という視点から捉えてみても面白い。「足し算」による柱や梁のジャングルジムから、ぽかーんとした空洞が「引き算」でくりぬかれた、吹き抜けのある住宅。二つの「創造の根」による造形が同居した理想的な形姿などと思うと、見慣れたわが家も神秘的に見えてくるのではないでしょうか。

実はこのメカニズム、塊状の建築や建造物に多く見られます。当然ですね、塊のほうがくり抜きやすいからで

07

馬見原橋

上益城郡山都町馬見原

青木淳「青木淳建築計画事務所」設計。
1936年に建設された五ヶ瀬川上の旧橋を架け替えたもの。
1995年竣工。

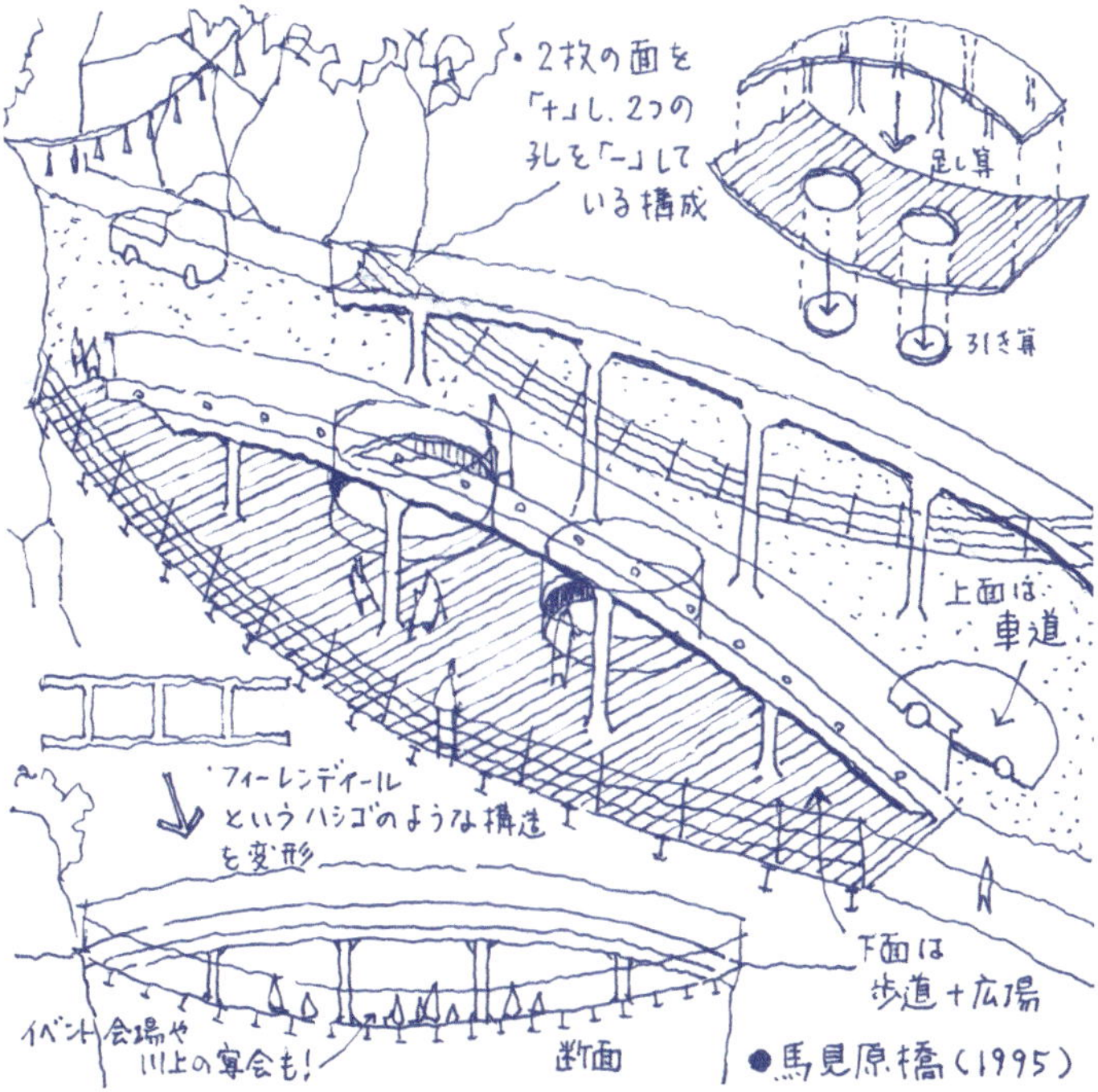

「逆太鼓橋」状の親水ひろばに穿たれた、大きな孔より川面を覗く。

す。ところが熊本には「非塊」を前提とした、野心的かつ先進的な橋の事例があります。

まずは山都町の「馬見原橋」へ。五ヶ瀬川に架けられた、橋長38・25メートルの白い鉄骨橋です。この橋は弓なりに反った2枚の面により構成され、上面が車道、下面が歩道という世界でも珍しい2階建て橋梁です。「逆太鼓橋」状の下面は歩道というよりむしろ広場のような、川に近づく木製デッキ空間。ここに川面を覗くことができる二つの孔が穿たれています。立体太鼓橋を、2枚の面とそれらをつなぐ柱により「+」でつくり、川に近づく孔を「二」で大胆に穿つ。構築と切除がバランスよく同居した、心地よい橋空間です。

つづいて熊本駅周辺の再開発で架けられた、「熊本駅前立体横断施設」（ペデストリアンデッキ）へ。橋長は最長で101・4メートル。この橋は四つの枝に分岐した「X」のような平面の形をしています。枝がそれぞれ白川口駅前広場、バス停付近、くまもと森都心（再開発ビル）、交流広場を機能的に結ぶと同時に、待ち合わせしたり、街を見渡したりできるようにもデザインされています。

この大きな「X」は、実は巨大な面を大円弧で削り取るといったイメージでできているのです。駅前を大きく包む曲線が全体のまとまりをもたらし、そのやわらかい表情がきっと新たなシンボルとなることでしょう。

ここでも「+」と「二」が共存した、「調えられた場所」をめざしているのです。

08 熊本駅前立体横断施設

熊本市西区春日

設計はパシフィックコンサルタンツ。2011年暫定形完成。基本デザイン監修を熊本駅周辺地域都市空間デザイン会議、意匠デザイン監修を西沢立衛建築設計事務所が担当。

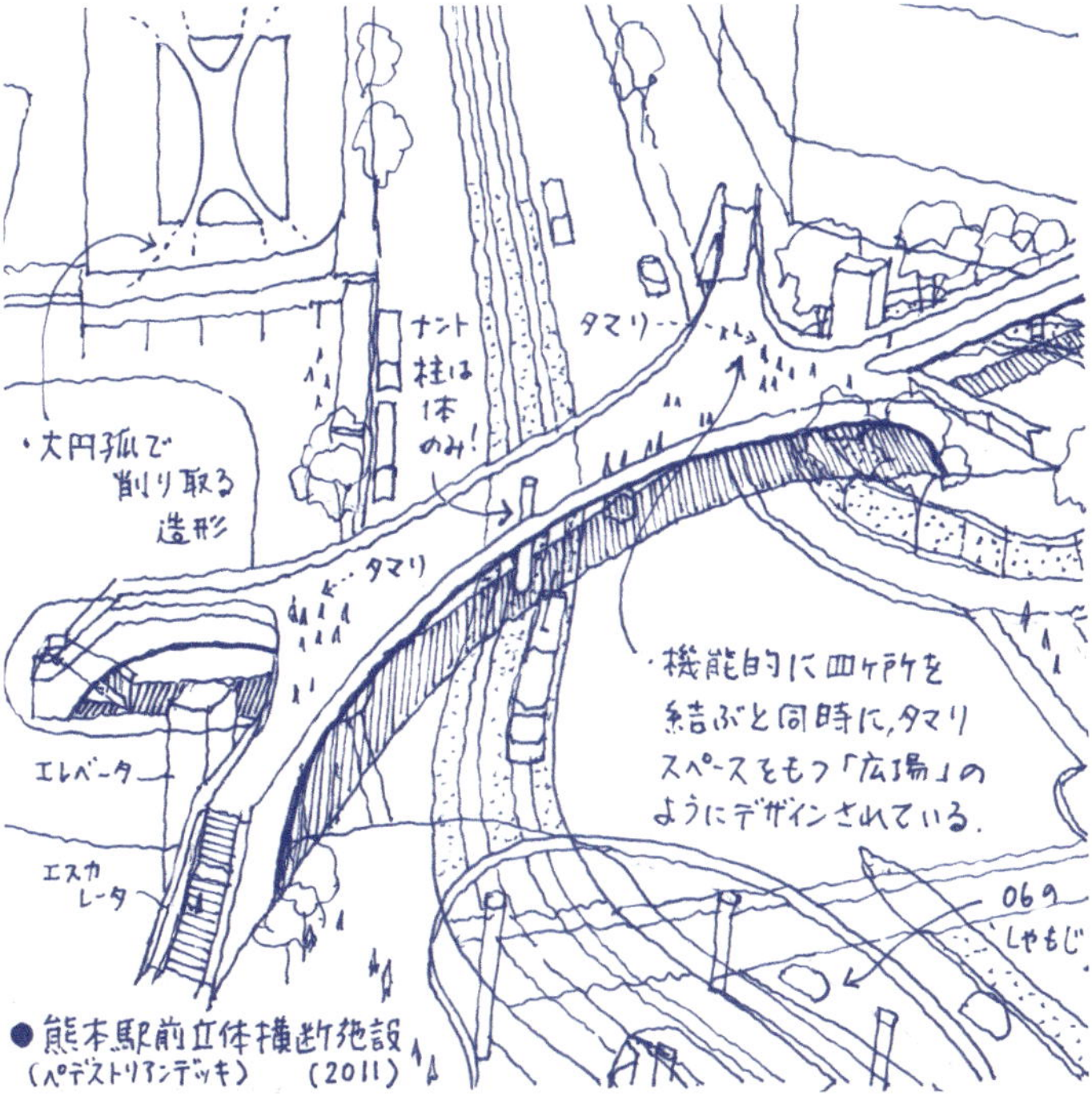

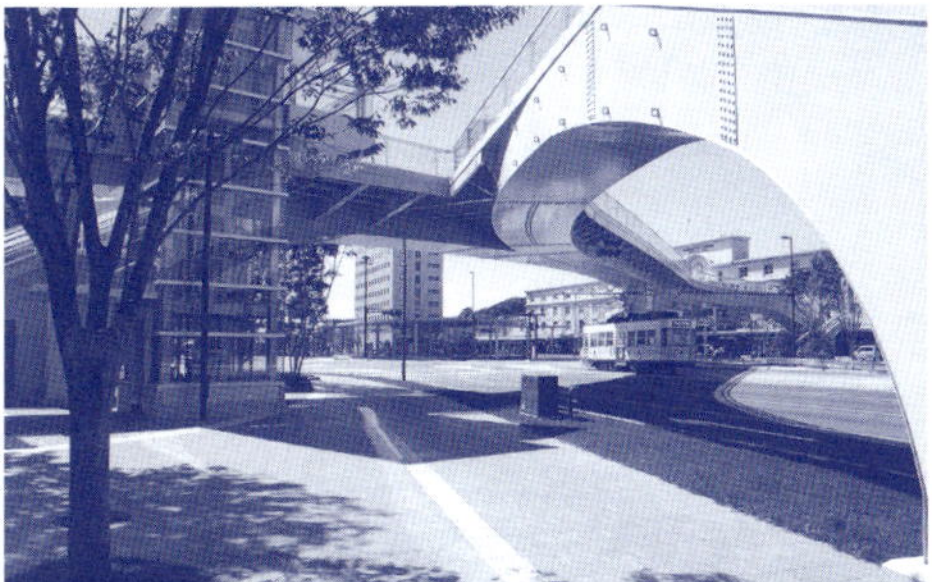

駅前空間をおおらかに包み、同時にゲート性をつくる二つの大きな円弧。

ぼかす

内と外の曖昧な空間

09 清和文楽館・物産館・郷土料理館
10 PAVILION

・境界を曖昧にする三つの手法
・物理型・視覚型・構成型

ここでは少し趣向を変えて、まず建築の森を歩きます。

国道218号線にて山都町を走っていると、伝統的でありながら、どこか現代的な香りもする木造建築群が見えてきます。「清和文楽邑」です。全国的にも珍しい実際に人形芝居を行う「清和文楽館」や、物産館等による道の駅でもあります。四角いお堂のような劇場、先の尖った丸い資料館、ゆるやかに湾曲した長い物産館、白いテント膜の郷土料理館。機能や形はそれぞれですが、よく手入れのなされた庭と一体的に配置され、ゆるやかなまとまりが感じられます。

施設をめぐっていると、庭を囲むように弓なりに反った物産館でふと足が止まりました。豊かな緑や屹立した岩肌を望む庭沿いの廊下にて、はてどこかで味わったことのある感覚が。建物内にいるのにもかかわらず、外から建物を見ている感じ。そう、電車に乗ってカーブに差しかかったときの、車窓から感じるアノ不思議な感覚。内と外を「眼」が揺れ動く、曖昧な空間感覚です。

つぎは熊本市の中心市街地へ。上通アーケードを通町筋から少し入ったところに「PAVILION（パビリオン）」という黒いフレームとガラス張りの建築があります。この建築、かなり異彩を放っています。アーケードの屋根まで目いっぱい積み上げられたビルたちを横目に、ぽつんと平屋なのです。異彩はそれだけではありません。通路奥には街の喧噪から隔てられた中庭があり、矩形に切り取られた空と枝張りのよい樹冠が、良質な木漏れ日をもたらしています。街に対する構えといい佇まいといい、ここだけ独特の時間と空間が広がっています。

しかしこの異質な感覚、どうやらこの建築だけによるものではないようです。大通りからアーケードに

09

清和文楽館・物産館・郷土料理館

上益城郡山都町大平

石井和紘［石井和紘建築研究所］設計。竣工は、文楽館１９９２年、物産館１９９４年、郷土料理館２００４年。

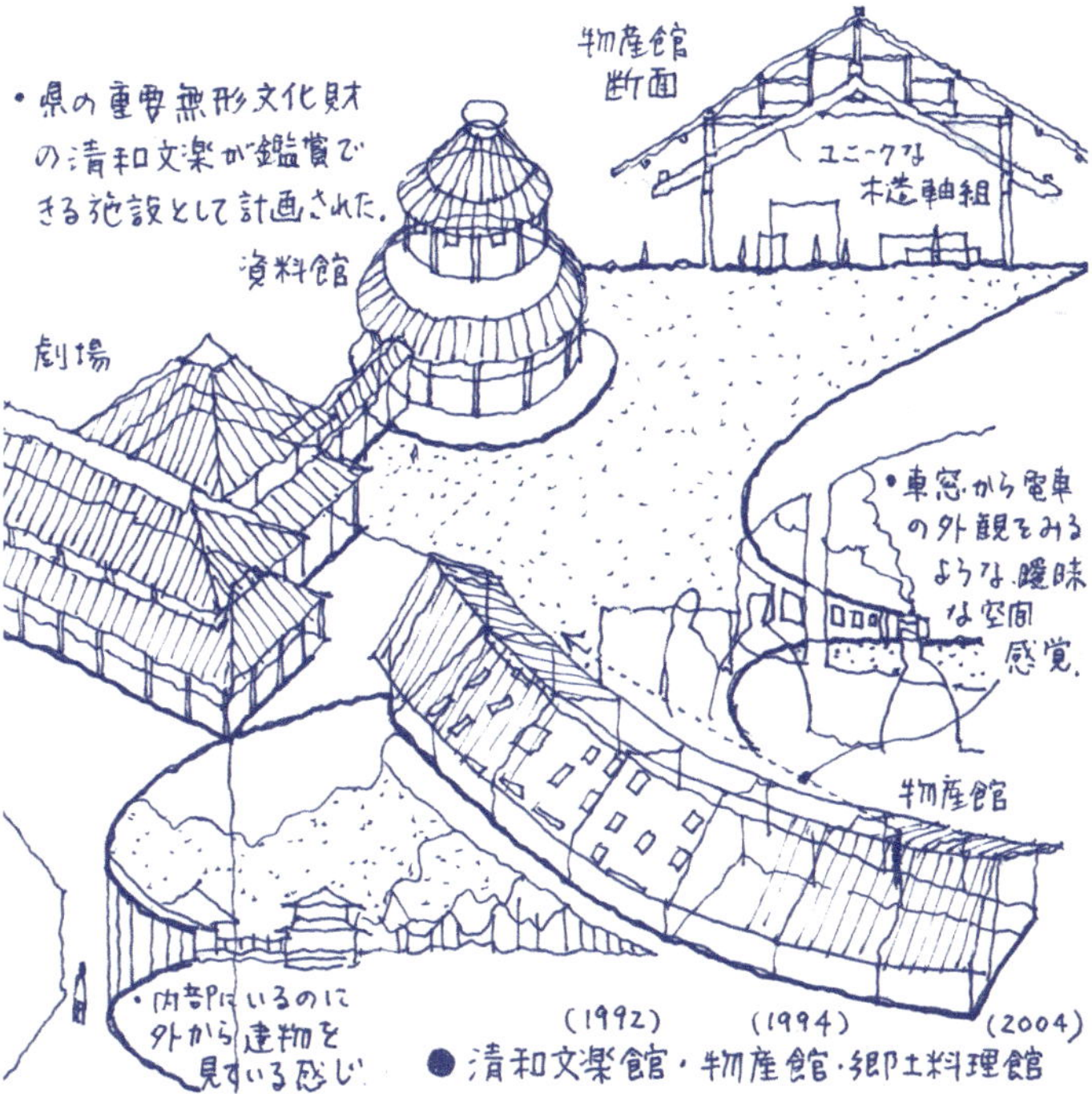

・県の重要無形文化財の清和文楽が鑑賞できる施設として計画された。
物産館断面
ユニークな木造軸組
資料館
劇場
・車窓から電車の外観をみるような曖昧な空間感覚
物産館
・内部にいるのに外から建物を見ている感じ
(1992)
(1994)
(2004)
● 清和文楽館・物産館・郷土料理館

内部空間にいながらにして、自分のいる建築を外からも見ているような不思議な感覚。

入った時点で「内」に入った感じがします。そしてこの明るい中庭へと至った時点で「内から外に出た」という認識です。しかし空間感覚としてはどうでしょう。「外」に出たはずなのに、囲われた中庭にいます。外なのに内? でも空が見えるから外? ……内と外の「認識」が揺れ動く、曖昧な空間感覚です。

縁側や障子で開閉する空間のように、わが国では内外を曖昧にする工夫が数多く生み出されてきました。これは常に周囲の自然を感じながら生活する文化や、環境の変化に応じて空間を調節する必要性から育まれてきたと考えられています。

この曖昧な空間、先ほどの事例を含めて大きく三つのタイプに分けることができそうです。一つめは縁側のような、中間領域を内と外の間に物理的に挟み込むことで境界が曖昧になるタイプ。これを「物理型」と呼びます。二つめは清和の物産館のように、眼が内や外を揺れ動くことにより内にいるような、外にいるような感覚を得ることができるタイプ。これは通称「視覚型」。最後はPAVILIONのように認識が揺れ動き、内にいるのか外にいるのかよくわからなくなる曖昧さ。これは空間の構成によるので「構成型」でしょう。

曖昧な空間といえば縁側が思い浮かぶように、空間をぼかす手法では「物理型」が多いのですが、今回「視覚型」や「構成型」といった〝珍種〟の存在を確認することができました。みなさんもぜひ建築の森に分け入って、新種・珍種をさがしてみてください。

10

PAVILION

熊本市中央区上通町

葉祥栄［葉デザイン事務所］設計。

上通アーケードに面した平屋建ての商業建築。1983年竣工。

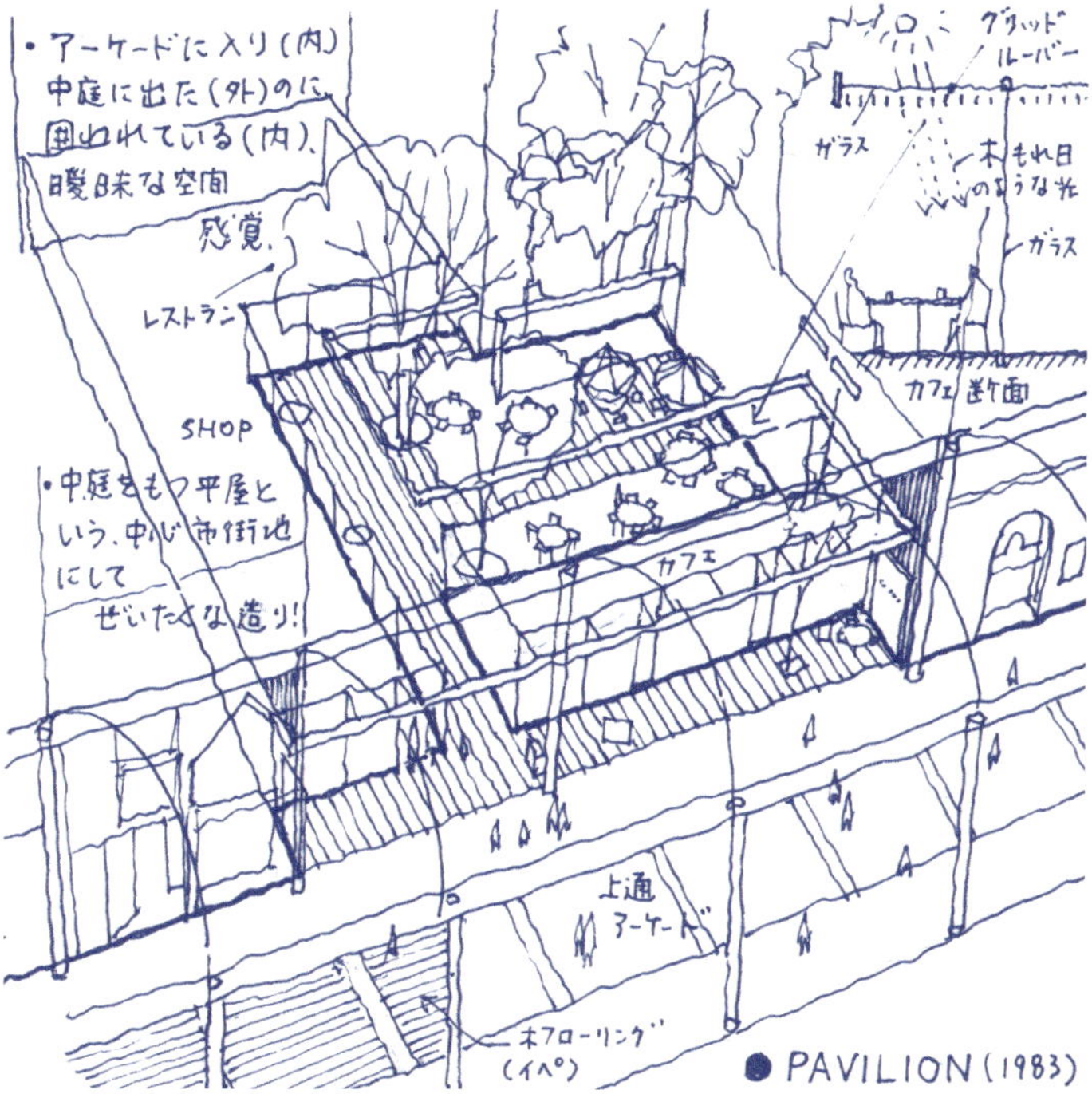

街の喧噪から離れた
「外」のようでもあり、
囲われた「内」のようでもある
曖昧な空間。

おりたつ

環境と調和する「異物」

11 九州新幹線新水俣駅
12 美里町林業総合センター

Keywords
・ポンピドゥ・センター
・建築と環境との関係

時は1977年、パリの歴史的中心地区であるレ・アールに、突如異色の建築が出現しました。ポンピドゥ・センターです。整然と配列された鉄骨のフレーム、赤青緑といった原色で彩られたむき出しの配管、透明チューブのエスカレータによる工場のような姿は人々に視覚的ショックを与え、当初は論争を引き起こしました。

近代美術館および図書館等による複合施設であるこの建物を設計したのは、レンゾ・ピアノとリチャード・ロジャース。二人は伝統的な都市に活気とにぎわいをもたらすため、あえて未来的な建築を投入し、都市に刺激を与えました。今ではエッフェル塔やルーブル美術館に並ぶパリの名所となり、新しいアートや情報を発信し続けています。

街や環境との関係という眼鏡をかけると、建築はおおよそ三つのタイプ分けができます。まずは大地から「生えた」ような建築。建築は土地や風土の一部だという考え方で、例えばガウディの建築はこれにあたります。次はまわりに「合わせた」建築。街並みとの調和に配慮したもので、ほとんどの建築はこれにあたりますね。そして最後は、空から「舞い降りてきた」ような建築。それまでにあった環境にとっての「異物」。ポンピドゥのように、ときには景観論争を巻き起こすこともあります。

前者2タイプは理解できますが、最後の一つが気になります。今までそこになかった建築が何をもたらすのか、浮いてしまうことはないのか。熊本にもその建築が飛来しているようなので、見に行きましょう。

まずは「九州新幹線新水俣駅」へ。スローダウンする車窓より眺めれば、後方に流れるおびただしい数の板、

11

九州新幹線新水俣駅

水俣市初野

設計は渡辺誠［アーキテクツオフィス］、西部交通建築事務所。2004年竣工。第10回くまもとアートポリス推進賞を受賞。

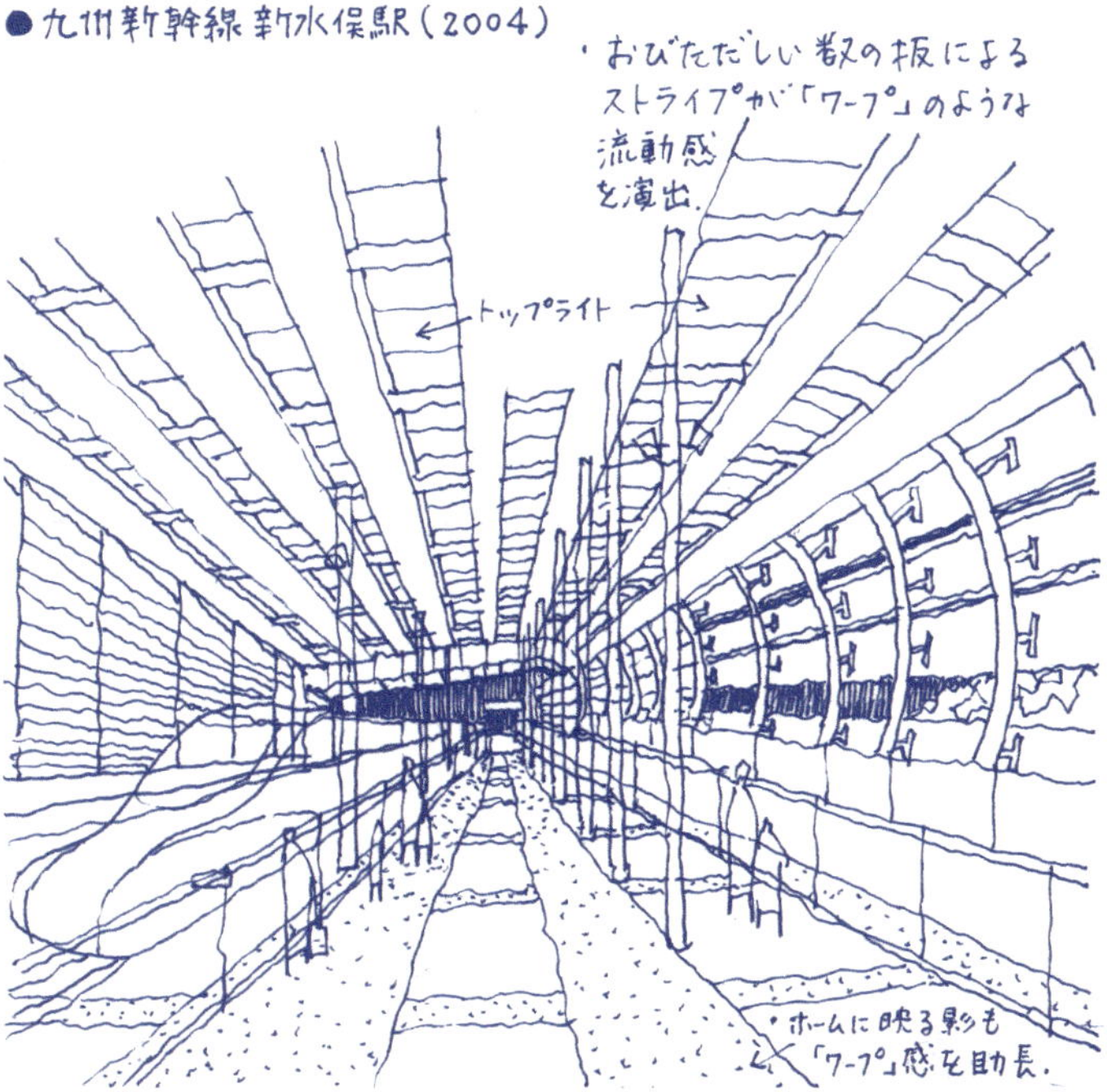
●九州新幹線 新水俣駅(2004)
・おびただしい数の板による
ストライプが「ワープ」のような
流動感
を演出。
トップライト
・ホームに映る影も
「ワープ」感を助長。

ゆるやかにカーブした板片が夕陽やまちの色を映し、時々刻々と変化する。

板、板……、まるで宇宙船に乗って「ワープ」しているかのような状態です。すきまから光や緑を感じることができますが、他駅とはまったく異なった侵入感覚。今度は駅を外から見てみます。何ということでしょう！ 先程の「ワープ」をつくりだした数々の板片たちが、そのまま駅舎の姿となっています。流星が今まさにこの地に漂着したかのごとくです。

まったく既視感のない駅舎ですが、これが不思議となじんでいます。さまざまな角度を持つシルバー色の板片がまわりの環境を映していることや、駅前のバス停等も似た形を持っていること、どこか山や海を感じさせるような全体の姿等が総合し、異物でありつつも調和をもたらしています。

つぎは「美里町林業総合センター」です。北方の山並みを望むゆるやかな丘陵地にその建物は着地しています。ガラス張りのキュービックな風貌から、一見、現代的な低層ビルのよう。しかし近づくとその認識は全訂正。中は何やらクモの巣のような木の「繊維」で埋め尽くされています。あるいは木材でできた「雲」がガラスの箱に捕獲されているようでもあります。

興味深いのはこの「木の雲」が装飾ではなく、建物の骨格であること。立体的に編み込まれた木のメッシュが大空間を包み、ガラス壁や鉄板屋根の外皮を支えています。コンクリート不使用の基礎も含め、これは従来とはまったく異なる構成を持った箱なのです。しかしこの箱が違和感なく地域に着地して見えるのは、木材をふんだんに使用していることや、そのおおらかな構成が周囲の環境と呼応しているためなのでしょう。

12

美里町林業総合センター

下益城郡 美里町坂貫

設計は西沢大良［西沢大良建築設計事務所］。林業の町の集会場として、地元の木材を用いながらまちのシンボルとなる建物が求められた。２００４年竣工。

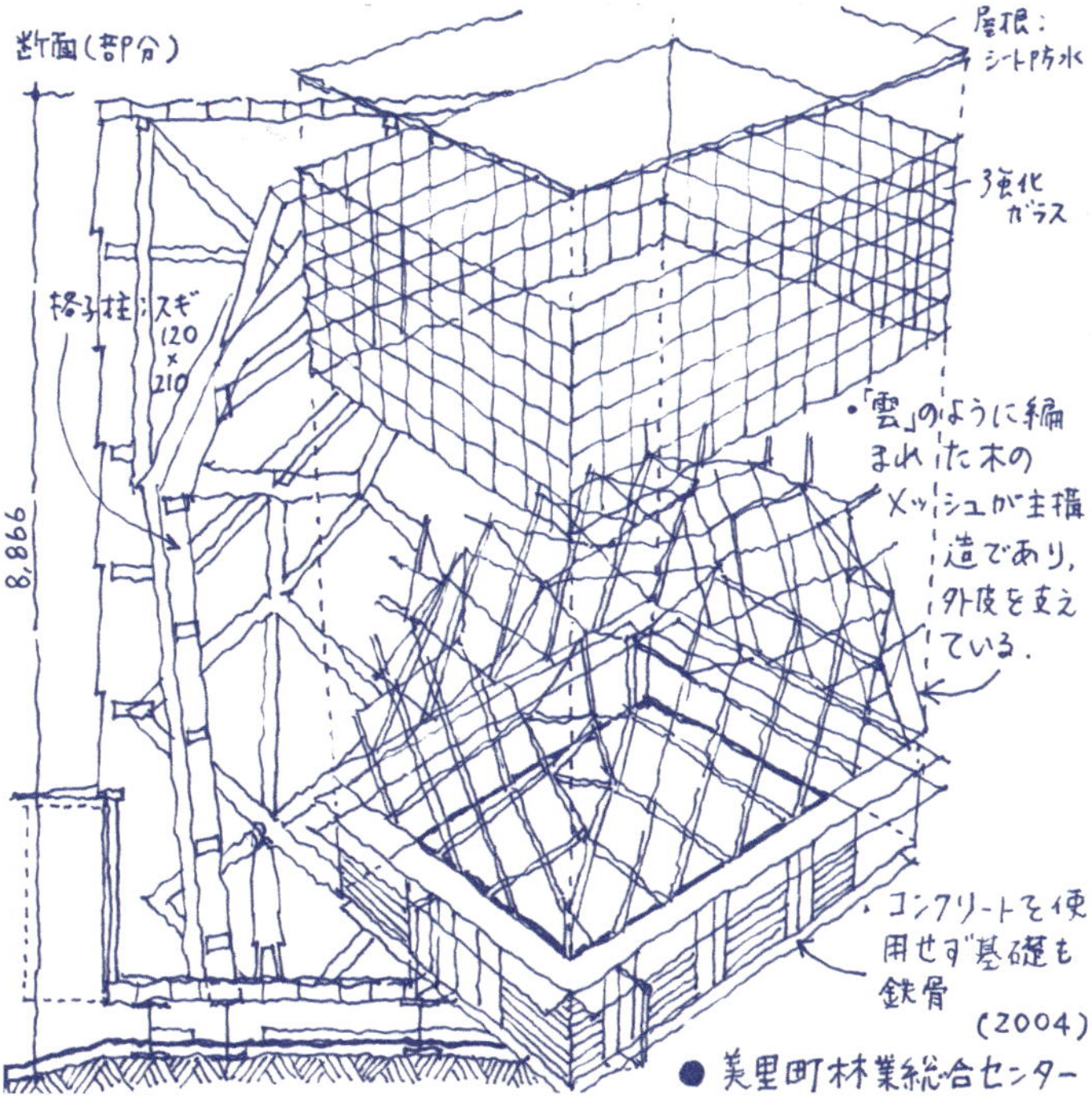

大きな木の「雲」の中に入ったような感覚が得られる内部空間。

あやなす

異なる表情の共存と調和

Architecture
13　熊本県医師会館
14　熊本市医師会館・看護専門学校

Keywords
・ホモフォニー、ポリフォニー
・異表情の調和

音楽は単音のものもありますが、多くは複数の音が重なってできています。音楽の世界ではこれを「多声音楽」と呼び、そのなかでも普段私たちが耳にしているものは「ホモフォニー」と呼ばれる形式です。これは主旋律である一つのメロディーに対して、和声的伴奏が付くもの。つまり音楽の重心はメロディー部にあり、それ以外のパートは支えの役割を果たすという主従関係があります。

　この「ホモフォニー」、実は近代の形式であり、それ以前では複数の音が異なる動きをしながら協和し合う「ポリフォニー」が主流であったといいます。それぞれのパートが全て均等に、互角に絡み合い全体の音の綾をなし、どのパートにも主従関係がないといった特徴を持ちます。

それがどのような音楽か気になるところですが、建築もさまざまなパートによる「多声音楽」のようなものですから、建築に置き換えて考えてみます。

　まず「ホモフォニー」的な建築について。主旋律があり部分がそれを支えている……例えばオフィスビル。インテリジェントで合理的という主旋律に、整然とした構造体も、シャープなガラスの外壁もしたがい、全体としてオフィスビルらしい和音を奏でます。全てのパーツが全体の調子にしたがっているのです。

　これに対しての「ポリフォニー」建築。複数の部分が異なる調子で存在しながら協和し、全体としては調和している……なかなかイメージしにくいので、具体的に見ていきましょう。

２０１６年まで、熊本城の長塀前に味わい深いコンクリートが印象的な建築がそびえ立っていました。「熊本県医師会館」です。あまり知られていませんが、ル・コルビュジエに師事し、数多くのモダニズム建築を実

13

熊本県医師会館

熊本市中央区花畑町

坂倉準三［坂倉建築研究所］設計、1968年8月竣工。2016年解体（現存せず）。2017年に新会館が完成。

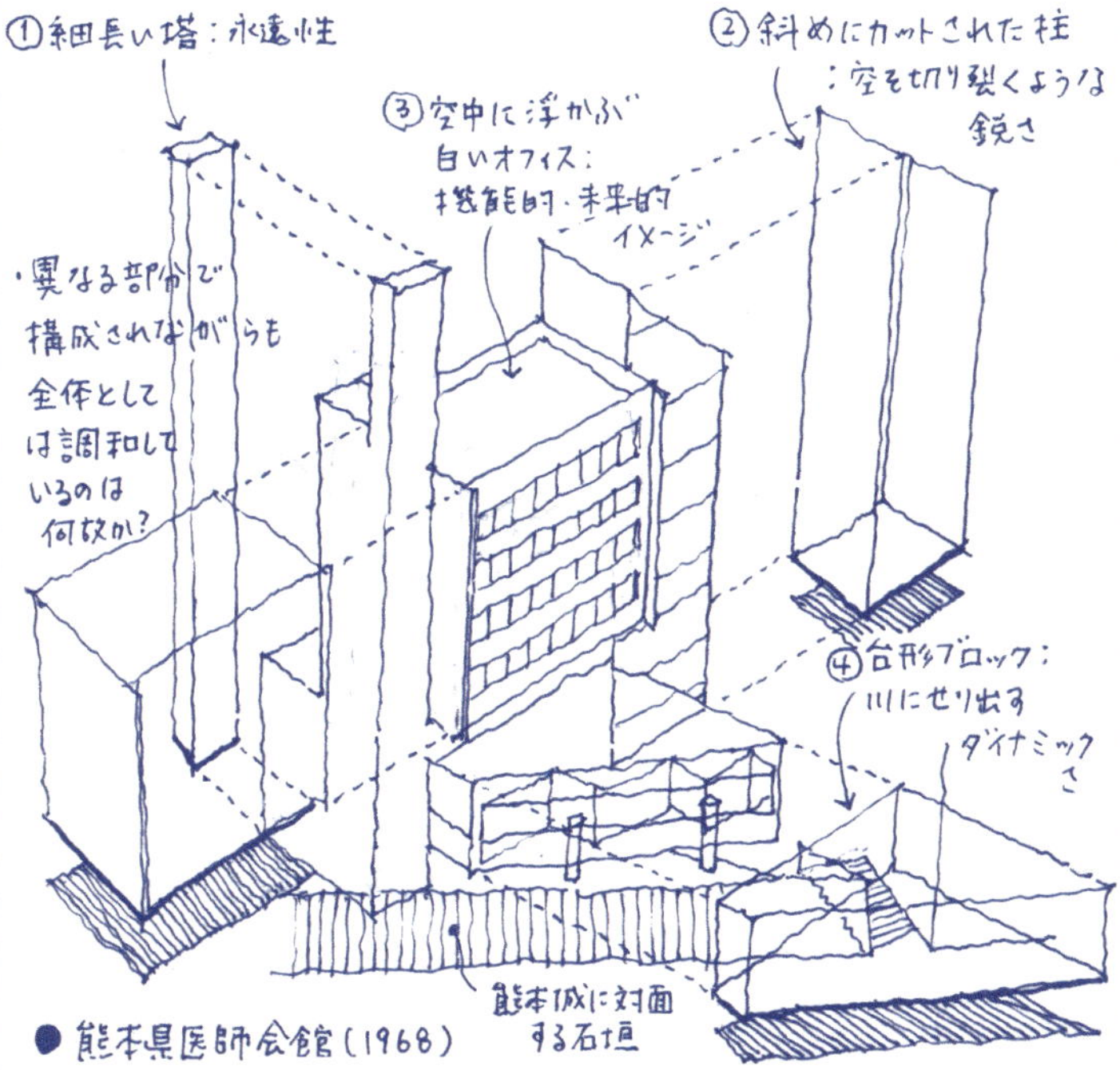
①細長い塔：永遠性
②斜めにカットされた柱
：空を切り裂くような
鋭さ
③空中に浮かぶ
白いオフィス：
機能的・未来的
イメージ
・異なる部分で
構成されながらも
全体としては調和しているのは
何故か？
④台形ブロック：
川にせり出す
ダイナミック
さ
熊本城に対面
する石垣
●熊本県医師会館（1968）

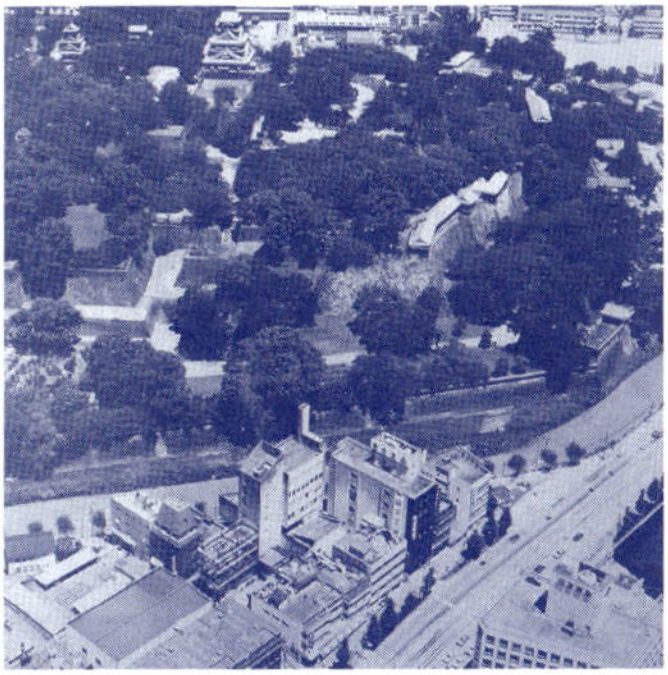

異なる顔を持つ四つのブロックが併置され、全体が構成されている。［左写真提供：熊本県医師会］

践した坂倉準三の設計でした。

この建築は四つのブロックによる構成を持っており、2本のコンクリート角柱、白い中高層部、ピロティ（柱のみによる半外部空間）を持つ低層部がそれぞれまったく異なった表情を呈しています。

煙突を内包した細長い塔はまるで永遠性を、頭部が斜めにカットされたコンクリート柱は空を切り裂くような鋭さを、空中に浮かんでいるような白いオフィスは機能的かつ未来的なイメージを、そして台形ブロックは川にせり出すようなダイナミックさを――。それぞれが独自の旋律を持ちながらも断絶することなく、全体として不思議なハーモニーを奏でています。

つづいて、熊本市中央区本荘の「熊本市医師会館・看護専門学校」へ。この建築は二つのL字壁を組み合わせた箱のような構成を持ちますが、まず南東の交差点から眺めると、肥《ひ》後《ご》絣《がすり》をイメージしたという織物のような表情が個性的。アルミルーバーの背後にはテラスや教室が見え隠れし、にぎやかさを感じます。一方西側は、熊本特有の強い西日をブロックする厚い壁が印象的。うす桃色に着色された大きな面と、そこに穿たれた小窓の陰影による表情が時々刻々と変化します。

南東面ではにぎやかなリズムが、北西面はオルゴールのように穏やかなメロディーが奏でられています。しかしそれらがやはり断絶することなく全体の箱を形成し、緩急のある旋律を綾なしています。

奇しくも二つの医師会館にて「ポリフォニー」を鑑賞することができましたが、同居する複数の旋律がそれぞれ主役のようでありつつも、まとまりを持っている点が共通しています。主役が多くても破綻しないのは、それぞれが建築にとって、不可欠なキャストだからなのでしょう。

14

熊本市医師会館・看護専門学校

熊本市中央区本荘

設計は古谷誠章＋NASCA・中川建築設計共同企業体。2011年3月竣工。第17回くまもとアートポリス推進賞を受賞。

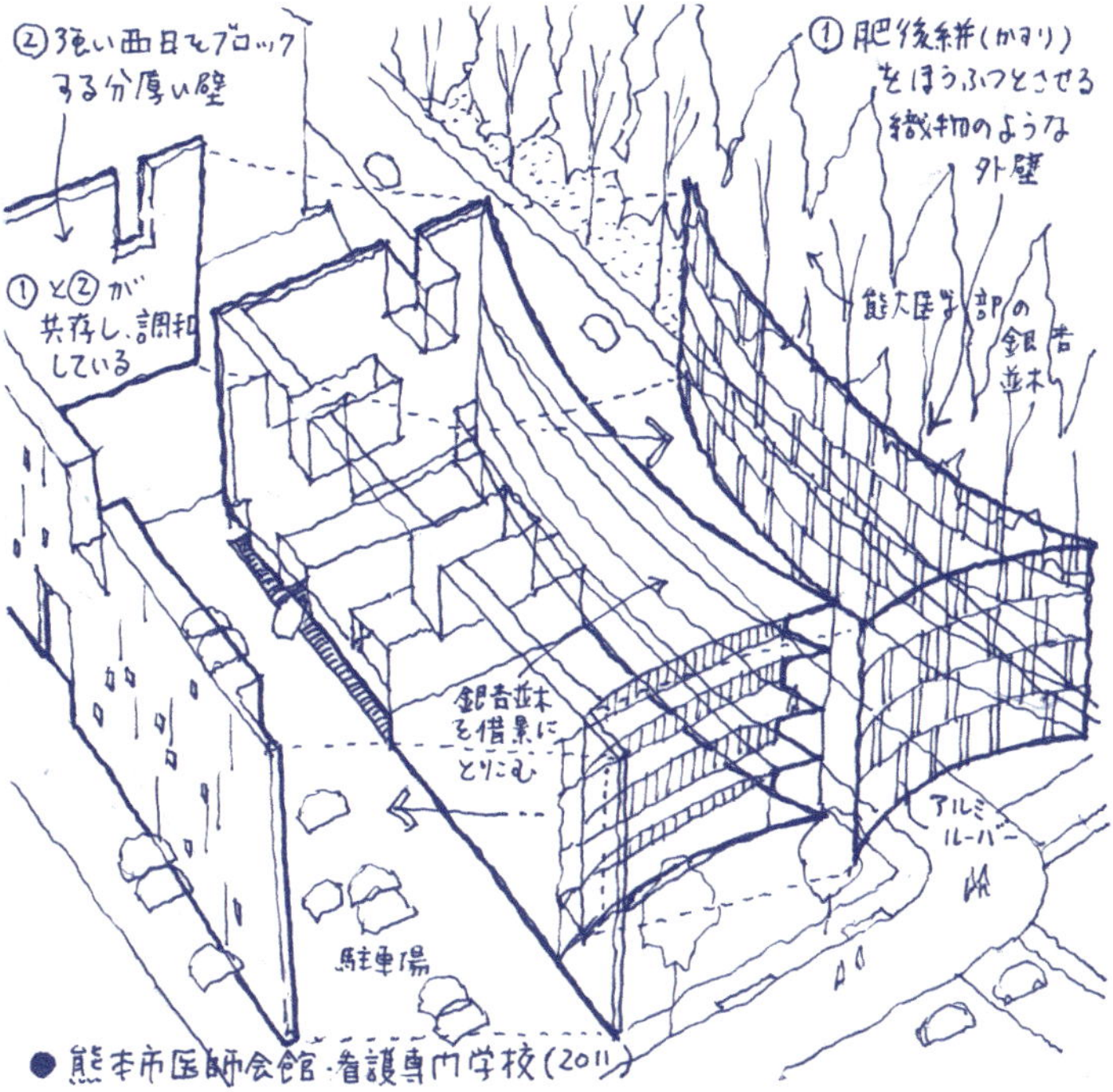

厚いL字壁と肥後絣のようなL字壁が合掌するように向き合い、一つの箱を形成している。

かえる

〝一本の木〟をめざす小学校

Architecture
15 芦北町立佐敷小学校
16 宇土市立宇土小学校

Keywords
・一本の木
・原初的空間

大学の建築学科ではさまざまな設計課題が行われますが、なかでも定番は「住宅」と「小学校」です。これらは生活、環境、構造など、建築を考えるうえでの不可欠な要素を多く含んでおり、設計の基本といわれているからです。

しかしこの「小学校」、実はなかなか難しい。考えなければならないことが多いのです。まず敷地における配置、必要な空間と構成の関係、低学年と高学年の分離と交流等をどう考えるか。加えて管理やカリキュラムのこと、構造や設備の工夫、地域開放など近隣との関係も検討し、一つの建築としてまとめるのは容易ではありません。

さらに昨今の社会的な変化と共に難易度は増すばかり。教育の多様化や少子化に対応する柔軟性、環境への配慮や災害時の拠点性、開放性とセキュリティーの両立など……、学生たちは頭をかかえ、設計はグチャグチャに。

そんなときにぜひ立ち返ってもらいたい、あるイメージがあります。

一本の木の下のひとりの男――その男は自分が教師であることを知りません――は、
自分たちが生徒であることを知らないわずかの子供たちと話していました。
かれらは互いに認め合い、そして最初のクラスルームが建てられました。
それが「学校」の元初《げんしょ》でした。

〔ルイス・カーン『ルイス・カーン建築論集』前田忠直編訳、鹿島出版会〕

15

芦北町立佐敷小学校

葦北郡芦北町道川内

設計は楠山設計＋石井ひろみ［アーキテラス］。良質な木材で有名な芦北町の山と川に挟まれた敷地に建つ小学校。2006年12月竣工。

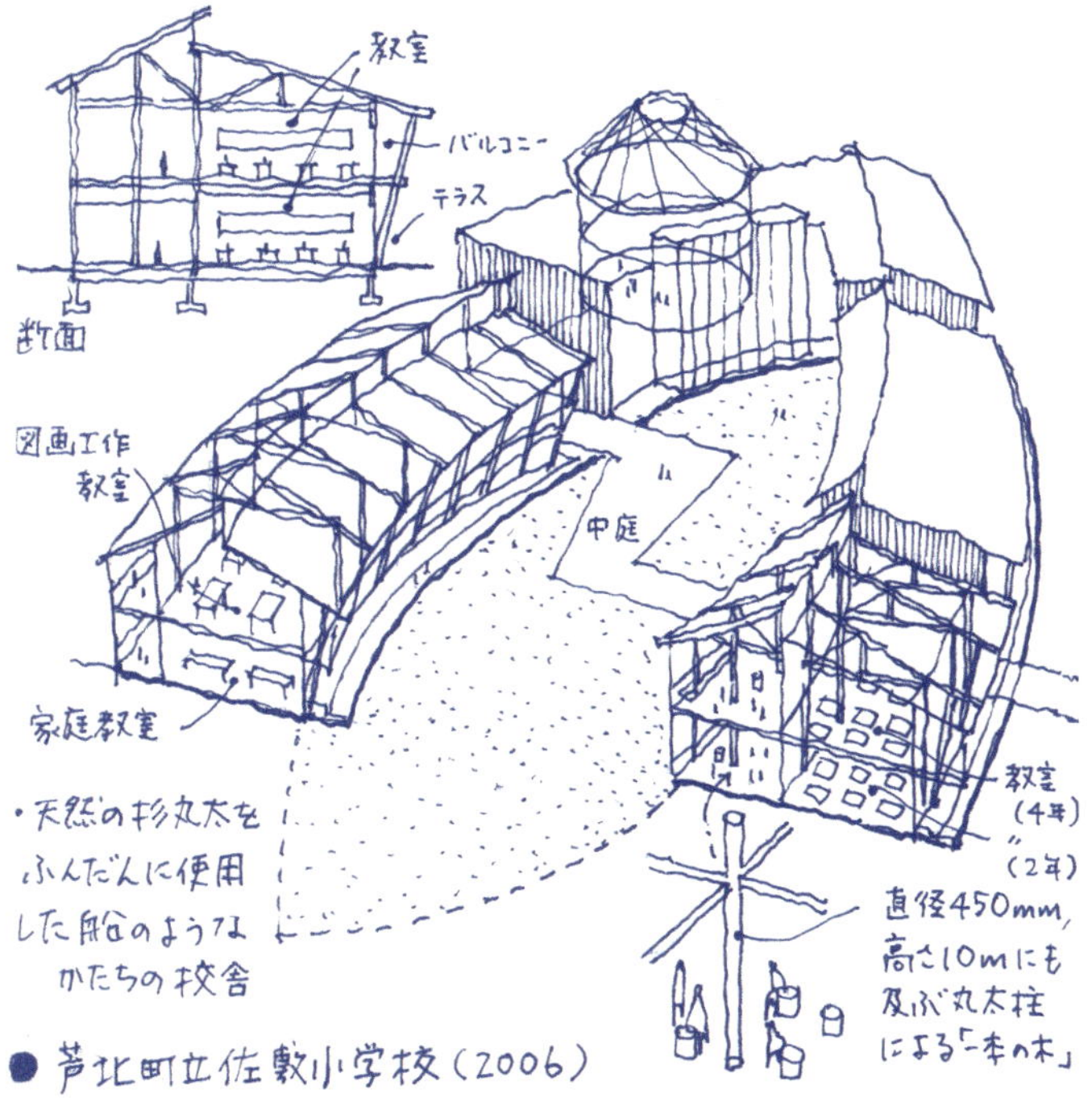
教室
バルコニー
テラス
断面
図画工作
教室
中庭
家庭教室
・天然の杉丸太をふんだんに使用した船のようなかたちの校舎
教室
（4年）
〃
（2年）
直径450mm、高さ10mにも及ぶ丸太柱による「一本の木」
● 芦北町立佐敷小学校（2006）

丸太柱と梁による“樹木”がゆるやかな円弧上に連続し、さまざまな居場所をつくっている。

一本の木と、教えることができる人と学びたい人がいれば学校になる——20世紀を代表する建築家ルイス・カーンの言葉です。

カーンは原初的な空間を求め数々の建築をつくりましたが、この〝一本の木〟のような学校の姿は、学生だけでなく全ての建築家のあこがれでもあります。この〝一本の木〟に還ったような学校、見てみたくはないですか？

まずはまちの伝統的産業である「うたせ船」になぞらえたという「芦北町立佐敷小学校」へ。中庭を中央に3分棟を弓形に配し、船のような形と回遊性を持たせています。この建築の特徴は何といっても天然の杉丸太をふんだんに使用していることです。杉の皮を剝いだだけの、直径450ミリ、高さ10メートルにも及ぶ大きな丸太柱が林立し、そこから枝がのびるように梁が組まれています。視界を遮るような耐震壁や筋交いがないので、明るく開放的な印象です。

弓なりにカーブした廊下を歩いていると、さまざまな〝一本の木〟に出合いました。一つひとつ表情の異なる丸太柱と梁による木の傘下に、スツールや流しなどが配置され、居心地のよさそうな場所が多々あります。部屋としての教室も含めて、多彩な「教室」に満ちた学校です。

つづいて2011年9月から新校舎での授業が始まった「宇土市立宇土小学校」へ。「雑木林の木陰に教室群がすべり込む、限りなく外のような学校」と建築家が語るように、本当に外のような学校なのです！

基本構成は水平の床と天井の間に、散在するコンクリートのL字壁と、内外の境界をつくる折戸のみ。折戸を開け放つと、しつこいようですが本当に外かと錯覚します。ここでは箱のような教室やまっすぐな廊下はなく、大きなワンルームの中にさまざまなコーナーがあるようです。言い換えるとL字壁による〝一本の木〟が、自然の樹木にまぎれて立ち並んでいるようにも見えます。

実はこの小学校のお披露目ワークショップを私の研究室が担当したのですが、ちょっと変わった授業を行いました。子供たちによる、学びたい大人への〝授業〟を。場所はもちろんこの〝一本の木〟の下で。

16

宇土市立宇土小学校

宇土市高柳町

設計は小嶋一浩＋赤松佳珠子［CAt］。2011年7月竣工。第21回ＡＡＣＡ賞ほか、多数の賞を受賞。

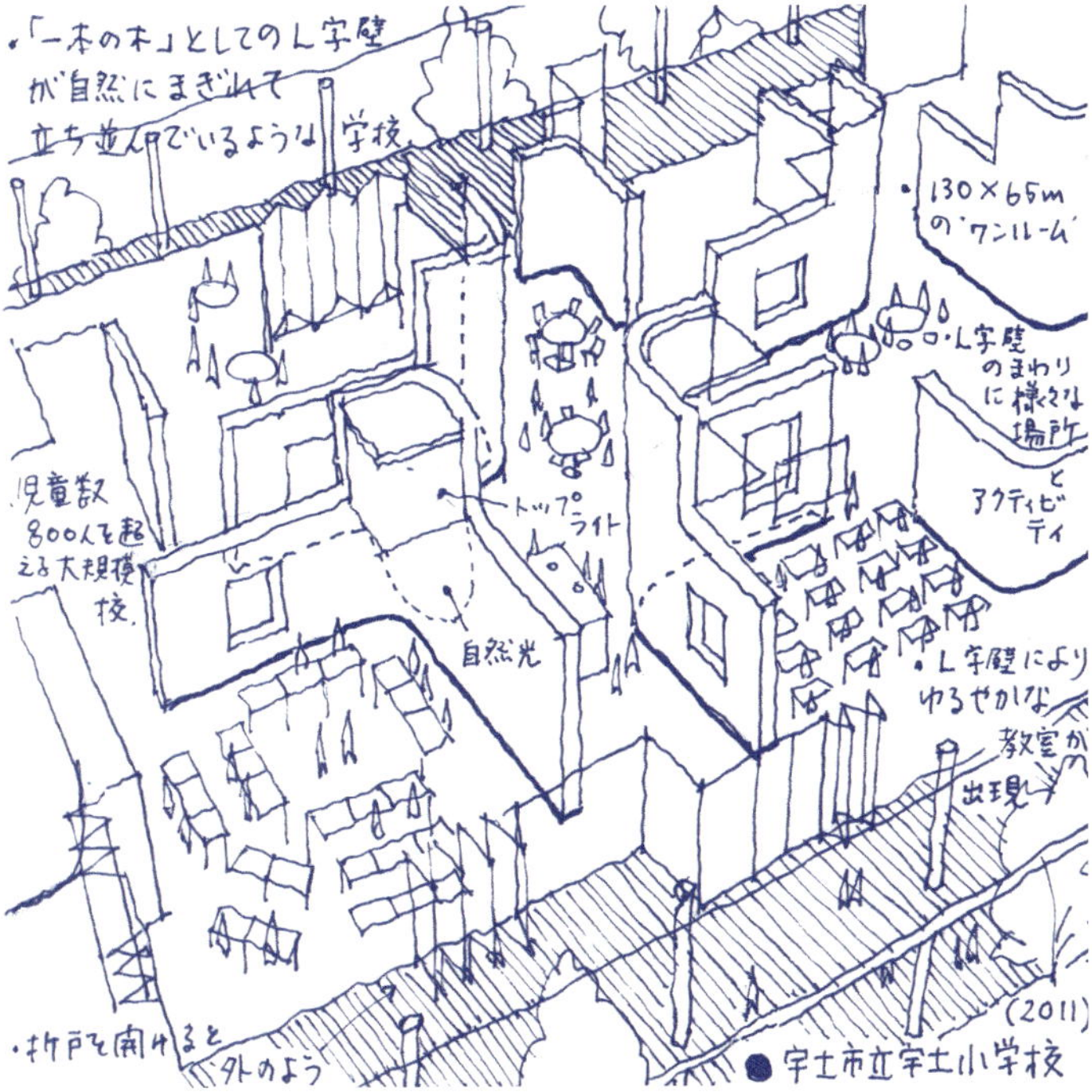

"一本の木"付近でワークショップの打ち合わせをする大学生たち。
風が通り抜けるテラスにいるような居心地。

つなぐ

学校の外まで〝まとまり〟を

17 旧小国町立西里小学校
18 旧津奈木町立赤崎小学校

Keywords
・宇宙の缶詰
・木造ドームと箱形船

一つの建築が、それまであまり関係のなかったまちや環境に〝まとまり〟や〝つながり〟をもたらすことができたら、どんなに素晴らしいことでしょうか。

そんな建築って一体……、と考えていたら、とある「缶詰」を思い出しました。それは赤瀬川原平による芸術作品「宇宙の缶詰」。食べ終わったカニ缶のラベルを内側に貼り、ふたをハンダ付けにより密封しただけ。これにより何が起こったのでしょうか。私たちの世界や宇宙が、ナント缶詰の「中身」になってしまったのです！ラベルの貼られた狭小空間が缶詰の「外側」で、私たちはカニ缶内に密封されてしまいました。

この「反転」により私たちはもれなく一体化させられ、隣のおじさんも、犬も猫も、地球の裏側の人々も、瞬時に〝つながり〟を持ったのです。

そんなカニ缶のような建築が、実は小国の山あいにあります。「旧小国町立西里小学校」です。正三角形の集合体による球体に近い木造ドームを中心に、独立した教室群が不規則な放射状に配置されています。従来の校舎とはまったく異なる、集落と宇宙船がドッキングしたような構成です。

この学校の中心に身を置くと、高さ13メートルのドーム空間と、お店のように建ち並ぶ教室群の表情を、内側から360度パノラマで望むことができます。ハンダ付けされた缶詰の中はきっとこんな感じなのでしょう。

建築家・木島安史はこの建築に「山村の子供たちに、自分たちが宇宙の中心だと感じてほしい」という思いを込めたそうですが、ここにいると不思議と学校だけでなく西里の集落、はたまた小国全体、さらには自分たちを取り巻く宇宙全体にまとまりを感じ、遠く思いを馳せることができるような気がしてきます。

17

旧小国町立西里小学校

阿蘇郡小国町西里

設計は木島安史＋計画・環境建築、1991年竣工。第1回くまもとアートポリス推進賞を受賞。

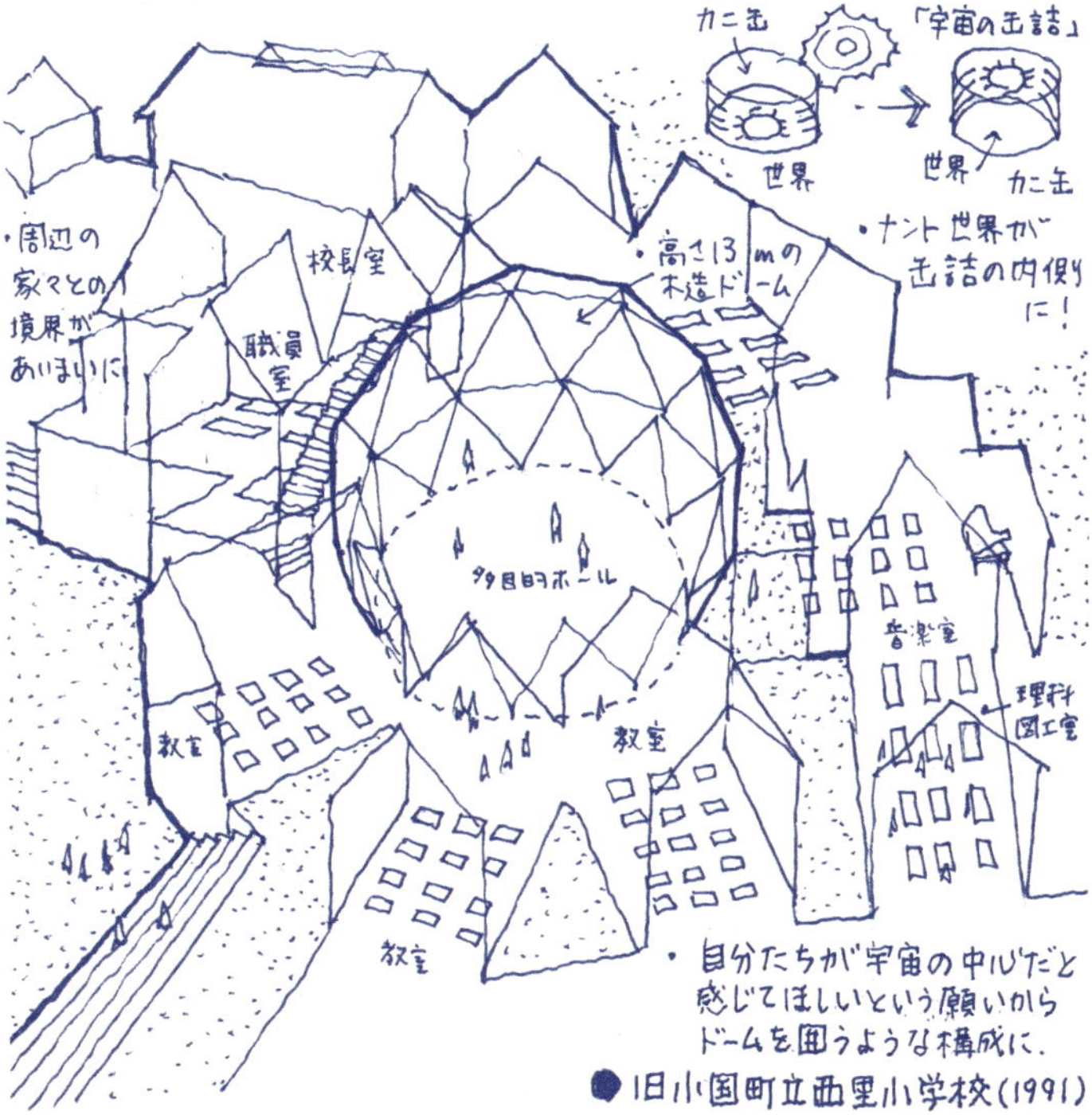

多目的空間である木造ドーム内には教室からさまざまな行為が“滲み出し”、多彩な使われ方がなされていた。

山あいに宇宙船があるならば、入江に浮かぶ箱形船もあります。「旧津奈木町立赤崎小学校」です。鉄筋コンクリート造3階建ながらも海に浮かぶ姿は船さながらであり、教室から釣りができた等のエピソードと共にそのユニークさが有名ですが、実は「子供たちにできるだけ広いグラウンドを」という、きわめて真っ当な考えから海上という選択がなされたことは、あまり知られていません。

この旧赤崎小、カニ缶とはまた違うかたちで、まちに〝つながり〟や〝まとまり〟をもたらしています。潮が引けば校舎まわりだけでなく西側にある裸島、弁天島、黒島も含めて陸続きとなり、学校の「教室」が倍増。きっと子供たちだけでなく大人にもよい学び場を提供していたことでしょう。

また高台から入江を見下ろすと、海岸線近くまで迫る山々や果樹園、豊かな海といった地域の大事な景観要素たちにより〝絵になる〟風景がつくりだされていますが、そのまとめ役をこの「白い船」が担っていると言っても過言ではないでしょう。

まわりのまちや環境をつなぐこの二つの建築には、重要な共通点があります。それは〝学校らしくないこと〟と〝塀がないこと〟。両者共に学校らしくない独特の構成や風貌を持っていることは前述の通りです。また西里小にはまったく塀がなく集落と一体化。赤崎小は当然ですが、海上につき境界がありません。

西里小は2009年、赤崎小は2010年3月に、残念ながら統廃合に伴い廃校となり第二の人生を模策中とのこと。さまざまな使い方ができ、地域と多彩なつながりを持つことができるこれらの地域資源を、ぜひとも活かしてもらいたいものです。

18

旧津奈木町立赤崎小学校

葦北郡津奈木町福浜

設計は妹尾明［武田工務店］、1976年竣工。
2010年3月に閉校。
全国的に有名なアートプロジェクト「赤崎水曜日郵便局」の舞台にもなった。

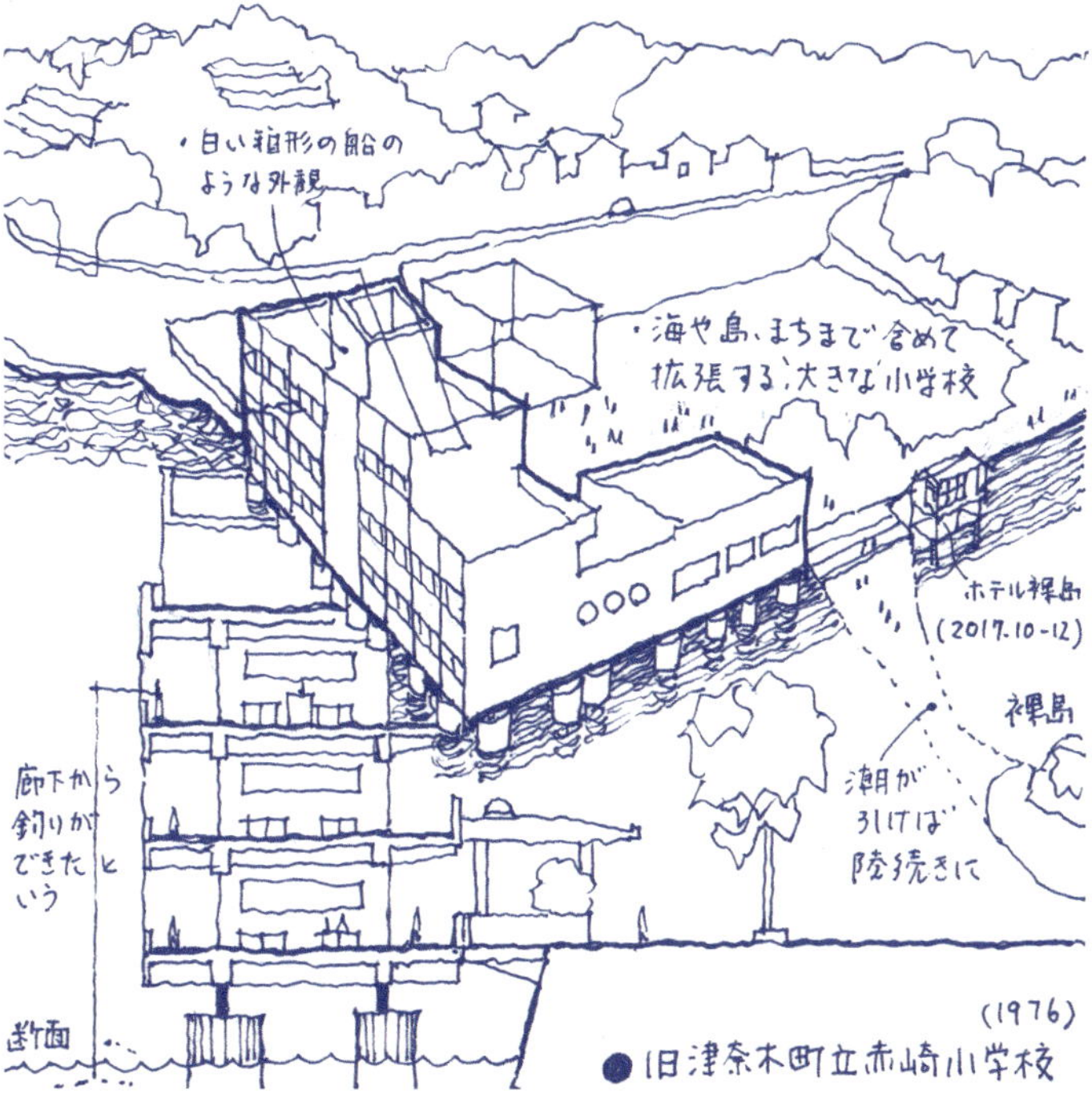

潮の干満により一日のなかでまわりとの関係が大きく変化する。
こんな学校は世界中でここだけだったに違いない。

いきる

変化に対応する二つの道

Architecture

19 熊本県立美術館分館
20 孤風院

Keywords

・布団問題
・環境を引き寄せる
・環境に合わせていく

夜中に布団がどこかへ行ってしまったらどうしますか?

モダニズムの建築家・吉阪隆正は大学の講義にて、この解決方法を学生に問い掛けました。氏はこう続けたそうです。

> 対処の方法は二通りある。
> 一つは、どこかへ行ってしまった布団を探し出してきて、もう一度、自分のベッドまで持ってきて寝る方法で、もう一つのやり方は、布団を探し出してその場でそこにもぐり込むことであるということで、物事にはたえずこの二つのやり方がある。
>
> [古谷誠章「アジアの住まい・日本の住まい(シンポジウム基調講演録)」『家とまちなみ』45号、住宅生産振興財団]

つまり自分と環境との間に何か不調和なことが起こったときに、それを調節する方法は、自分のほうへ環境を引き寄せてくる方法と、環境のほうに自分を合わせていく方法と、二つあるということです。

例えば、蔵書数やスペースの需要増に迫られた図書館がやすやすと拡張することは難しいように、環境や状況が大きく変化したとき、建築は容易に調節することができません。

たくさんの建築はこうして壊されてきました。20世紀は社会や環境の変化に対応できない建築は壊され、つくると壊すを繰り返しました。吉阪はリセットありきではなく、まず環境の変化に対応するとはどのようなことか考えよ、と説いたのではないでしょうか。

19

熊本県立美術館分館

熊本市中央区千葉城町

設計はトーレス&ラペーニャ+大和設計。
熊本城の石垣に向き合うように建つ美術館。1992年竣工。

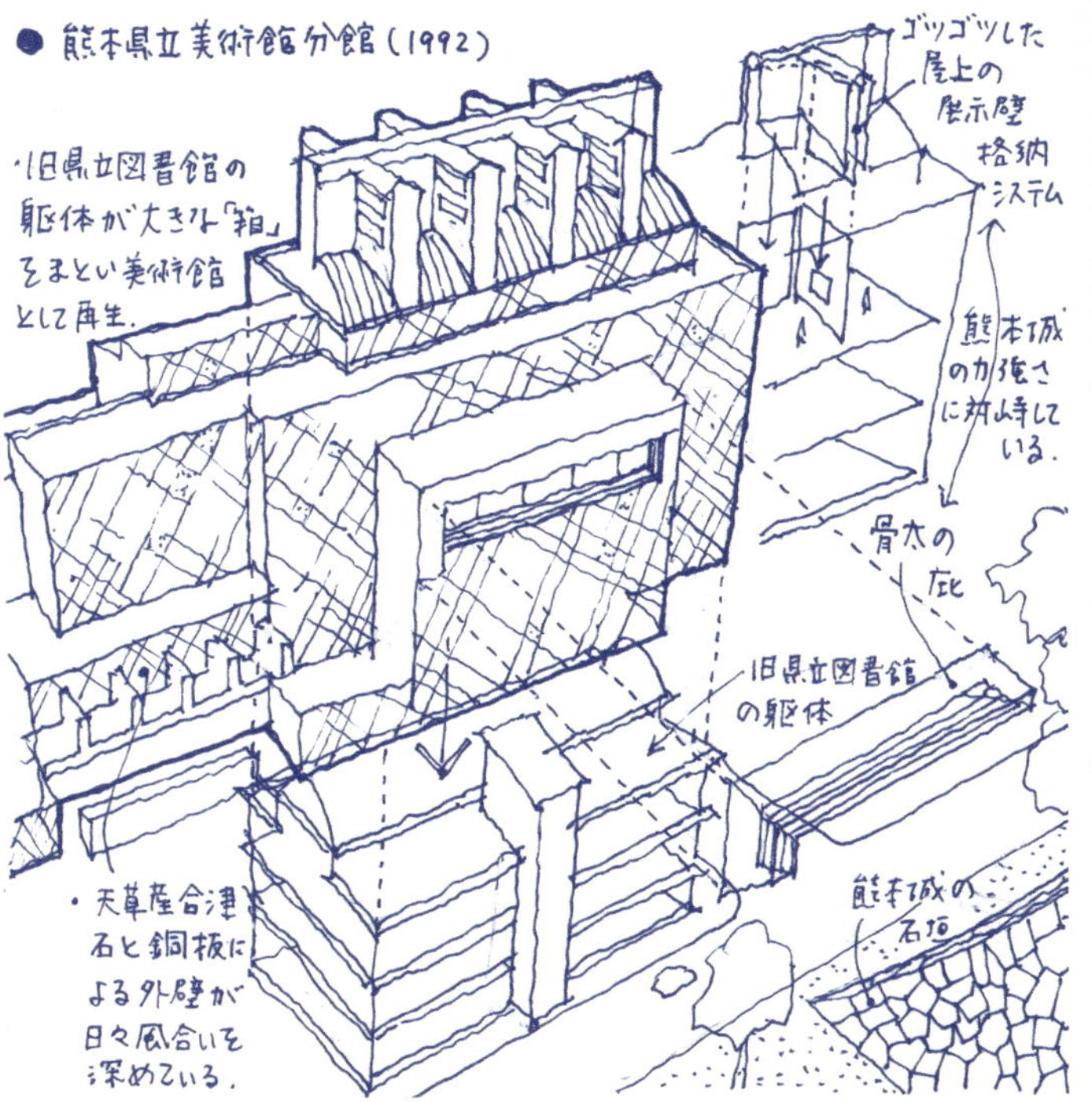
● 熊本県立美術館分館（1992）
・旧県立図書館の躯体が大きな「箱」をまとい美術館として再生。
ゴツゴツした屋上の展示壁格納システム
熊本城の力強さに対峙している。
骨太の庇
旧県立図書館の躯体
・天草産合津石と銅板による外壁が日々風合いを深めている。
熊本城の石垣

旧県立図書館の骨組みを活用し美術館に再生。
かつての建築が内包されている雰囲気と、新たな建築としての主張が同居している。

この「布団問題」を考えるうえでの好例が、わが建築の森に生息しています。一つは環境を〝自分のほうに引き寄せた〟建築、そしてもう一つは環境のほうに〝自分を合わせていった〟建築です。

まずは熊本城の石垣に対面する「熊本県立美術館分館」。石張りの大きな箱にごつごつとした突起が印象的な再生建築です。旧県立図書館の本館と、渡り廊下でつながった別館もろとも包み込んだ大きな「石箱」から、意外にも(失礼)機能的な屋上の展示壁格納部や庇等が隆起したような大胆な構成が、どこか「兜」のような力強さを感じさせ、熊本城の威容に対峙しています。

二十数年前、蔵書数や床面積という点で手狭になった県立図書館。社会的ニーズの変化に対応するため図書館機能は移転し、残された建築は壊されることなく、美術館という新たな「布団」をまとったのです。日々風合いを深めている天草産合津石や銅板による布団を。

阿蘇外輪山を望む草地に、築100年を超える木造建築がひっそりと佇んでいます。「孤風院」と呼ばれるこの建築は、もともと熊本大学の講堂でした。旧熊本高等工業学校の講堂が1974年に解体決定された際、当時教員であった木島安史はなんと私費を投じて引き取り、阿蘇に移築。自宅兼アトリエとして再生したのです。

木島は移築の際、この講堂に大手術を施しています。住宅としては大きすぎるため全体を半分に縮小し、玄関上部に2階を設け書斎や子供部屋として活用。また玄関と反対側には寝室や風呂等を追加するなどし、住みながら改修を続けたそうです。ちなみに改修は、学生ら有志によって現在も続けられています。

時代に合わなくなった小ぶりな講堂。これを捨ててしまうのではなく、移転・手術を加えることで環境に合わせていく——つまり建築が「布団」を探してもぐり込んだのです。

リノベーションという言葉さえほとんど知られていなかった時代に構想され、今も生き続けているこの二つの建築は、建築再生にはいろんな可能性があることを教えてくれているような気がします。布団問題の〝対処方法〟はほかにもあるかもしれません。

20 孤風院

阿蘇市

設計は木島安史＋計画・環境建築。

1908年に熊本高等工業学校（現・熊本大学工学部）の講堂として建てられたものを1975年に移築・再生。現在も有志学生等により随時改修中（普段は非公開）。

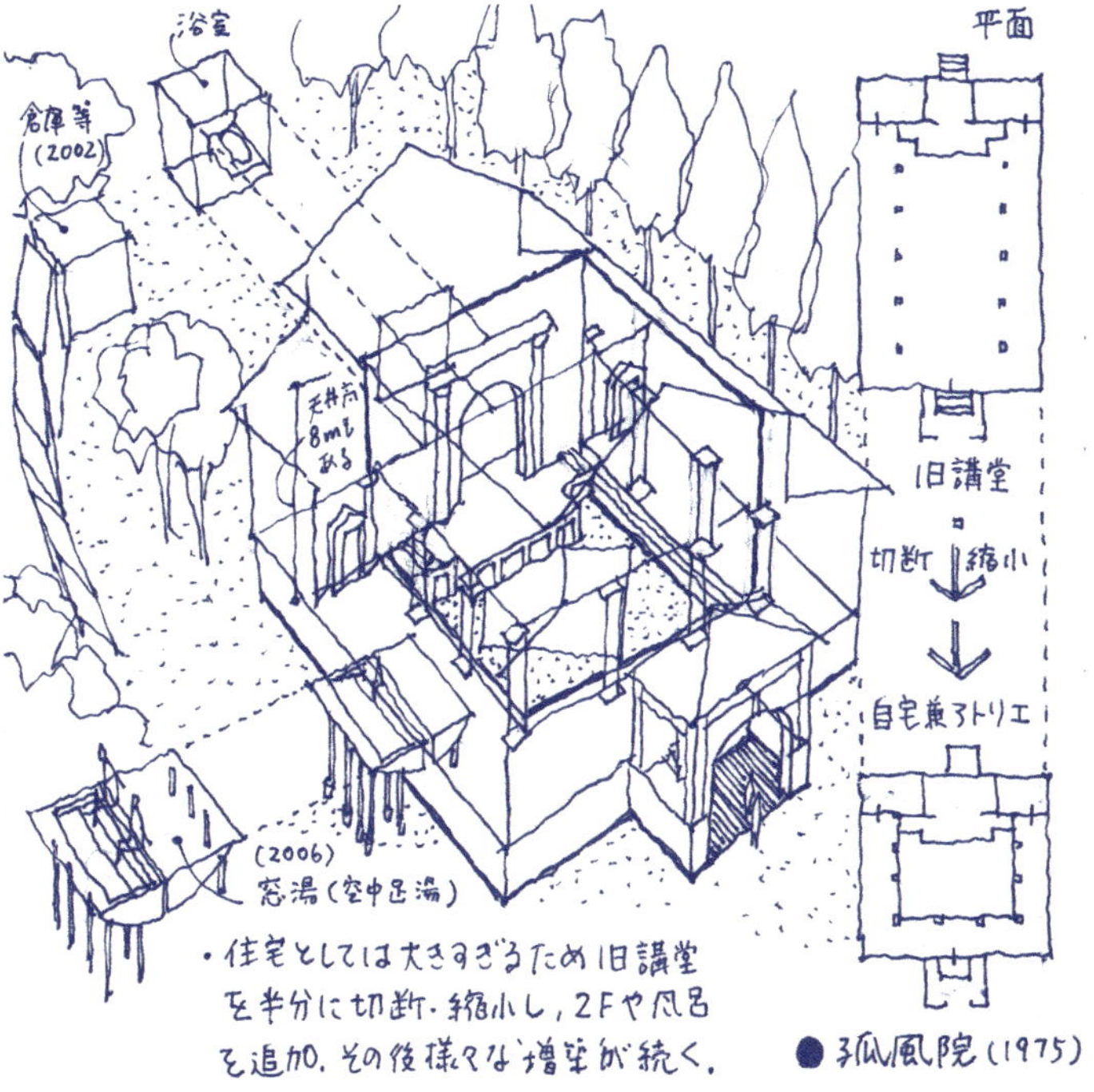

旧講堂の表情は保持しつつも全体をコンパクトに“整形”。
だが内部は天井高８メートルもあるホールを囲むおおらかな構成。

まとう

皮膚の拡張として発展

21 ジェーンズ邸
22 苓北町民ホール

Keywords

・皮膚の拡張
・回廊空間
・カーテンウォール

車は足の拡張、ラジオは耳の拡張、コンピュータは脳の拡張……というように、テクノロジーやメディアは身体の部分を〝拡張〟したものである、と説いたのは文明批評家マーシャル・マクルーハンですが、そのような見方をすると、建築は〝皮膚〟の拡張かもしれません。雨風を凌ぎ寒暖を調節し、そして外敵から身を守るために皮膚を高機能化したものが衣服であり、建築なのです。

モンゴルのゲルと呼ばれる、遊牧民の移動式住居はその最たるものでしょう。暑いときには衿元を開くように膜をめくり通風を確保。一方寒いときは厚着のごとくフェルトを二重巻きに。折り畳んでヒトと一緒に移動も可能。身体―衣服―建築が連続し、もはやその境界が曖昧になっている究極の例かもしれません。

今回は建築を、空間がまとう皮膚や衣服として見てみます。

もともと建築では、骨と皮膚が一体化していました。特に西洋の組石造では、石積み壁が構造体であり仕上げ材でもあったので、窓や間取りの制約を受けます。しかし近代では、骨組みで強い構造体をつくる「ラーメン構造」が発明され、壁が自由となり皮膚が独立しました。

独立した皮膚はその後発展を遂げます。現代では文字通り、カーテンのように吊り下げられた「カーテンウォール」が生み出され、全面ガラスの外壁も可能に。さらには「ダブルスキン」と呼ばれる中空層を持つ立体皮膜も登場し、室内環境を高度に調節しています。

このように〝皮膚〟の拡張としての建築はさまざまな発展を遂げていますが、熊本でも独自の進化を遂げた生態を見ることができます。

21

ジェーンズ邸

熊本市中央区水前寺公園＊

熊本洋学校の外国人教師ジェーンズのため、長崎から大工を招いて1871年に建築。県指定重要文化財。

＊熊本地震で倒壊し、現在別敷地に移築検討中

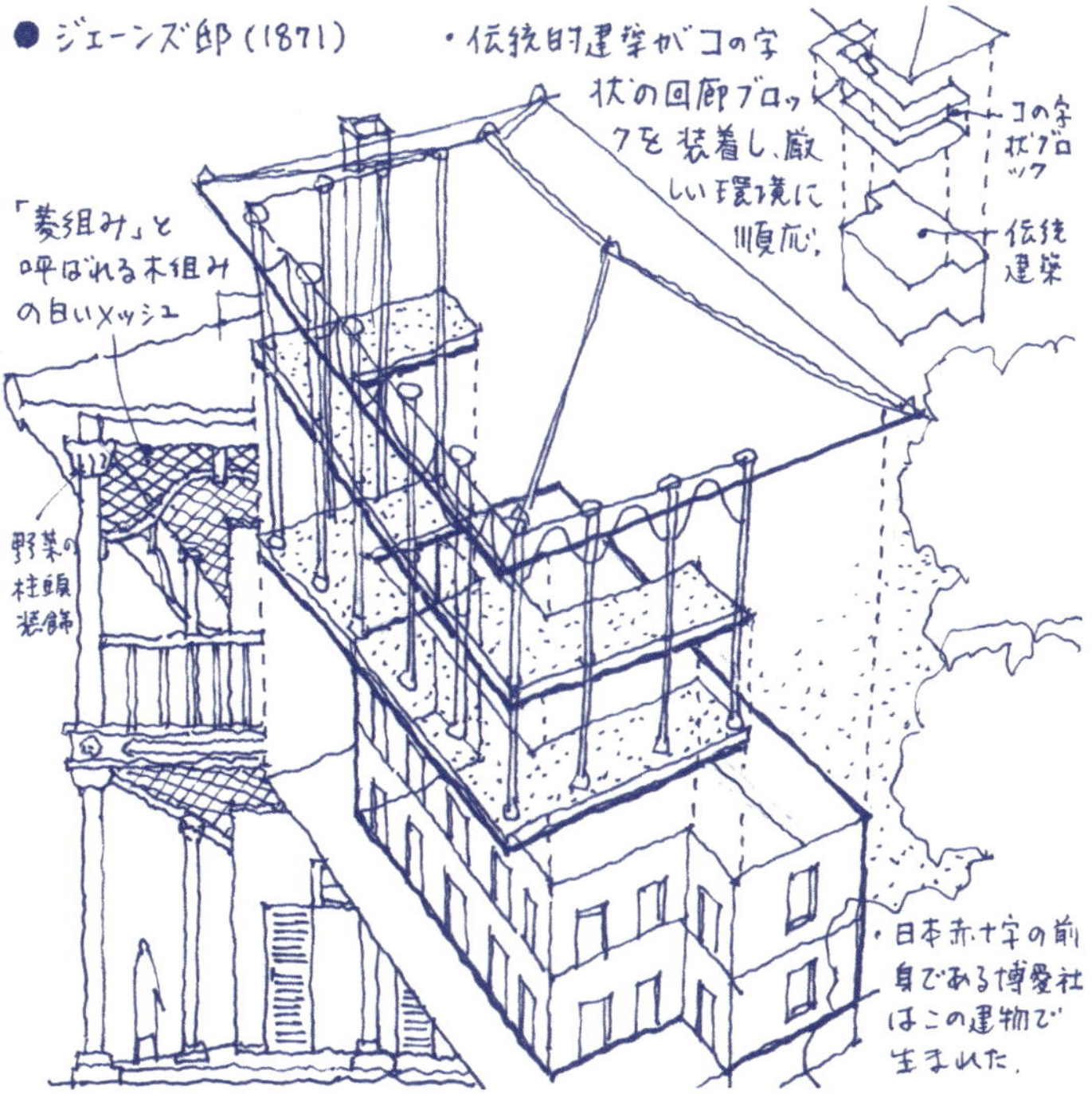
● ジェーンズ邸（1871）
・伝統的建築がコの字状の回廊ブロックを装着し、厳しい環境に順応。
「菱組み」と呼ばれる木組みの白いメッシュ
野菜の柱頭装飾
コの字状ブロック
伝統建築
・日本赤十字の前身である博愛社はこの建物で生まれた。

柱頭部はギリシア建築のような様式的なものではなく、まさかの野菜（?）が刻まれており、優しい印象。

まずは熊本最古の洋館建築である「ジェーンズ邸」へ。

三方にベランダを廻らせた木造2階建てで、白壁に鎧戸付きの窓が特徴的。幕末・明治期に外国人が建設したこのような洋館を「コロニアル様式」と呼びます……、というのが教科書的な説明ですが、ここではひと味違う解釈をしたいと思います。

この三方の回廊が、立体的な衣服のように見えるのです。柱頭部と天井に施された「菱組み《ひしく》」と呼ばれる白いメッシュの連続が、ここが単なるベランダではなく〝回廊空間〟として認識させてくれます。この〝コの字〟状のブロックがテトリスよろしく、伝統的木造建築とドッキングしたかのようです。九州の厳しい環境を調節するために、葡萄の装飾が施された緑のフレームと白いレースで仕立てられた〝洋服〟を、瓦葺きの日本建築がまとったのです。

つづいて天草下島西北端の「苓北町民ホール」へ。

「スター・ウォーズ」に登場しそうな独特の風貌ですが、実は敷地選定から施設内容・規模までが、たび重なる住民対話により決定された公共建築であることはあまり知られていません。その結果207席のホールと集会所機能が選択され、ホール後方の大扉が開閉することで両者が重なり合うという、従来にないタイプの建築となったのです。

この建築は、やわらかいウェーブ状の外皮を持っています。いうなれば木の「カーテンウォール」です。しかしこのウォール、普通に設計すると柱が長いのでゴツくなってしまうのですが、この繊維は工夫されています。柱の中央にて〝ほおづえ〟のように斜材を配置することで細くなり、波が軽快さを獲得しています。この中に内包された有機的な空間と、おおらかな天草灘のイメージを両立する、最先端の衣服をまとっているのです。

22
苓北町民ホール
天草郡苓北町志岐

設計は阿部仁史＋小野田泰明＋阿部仁史アトリエ。２００２年竣工。２００３年度日本建築学会賞を受賞。

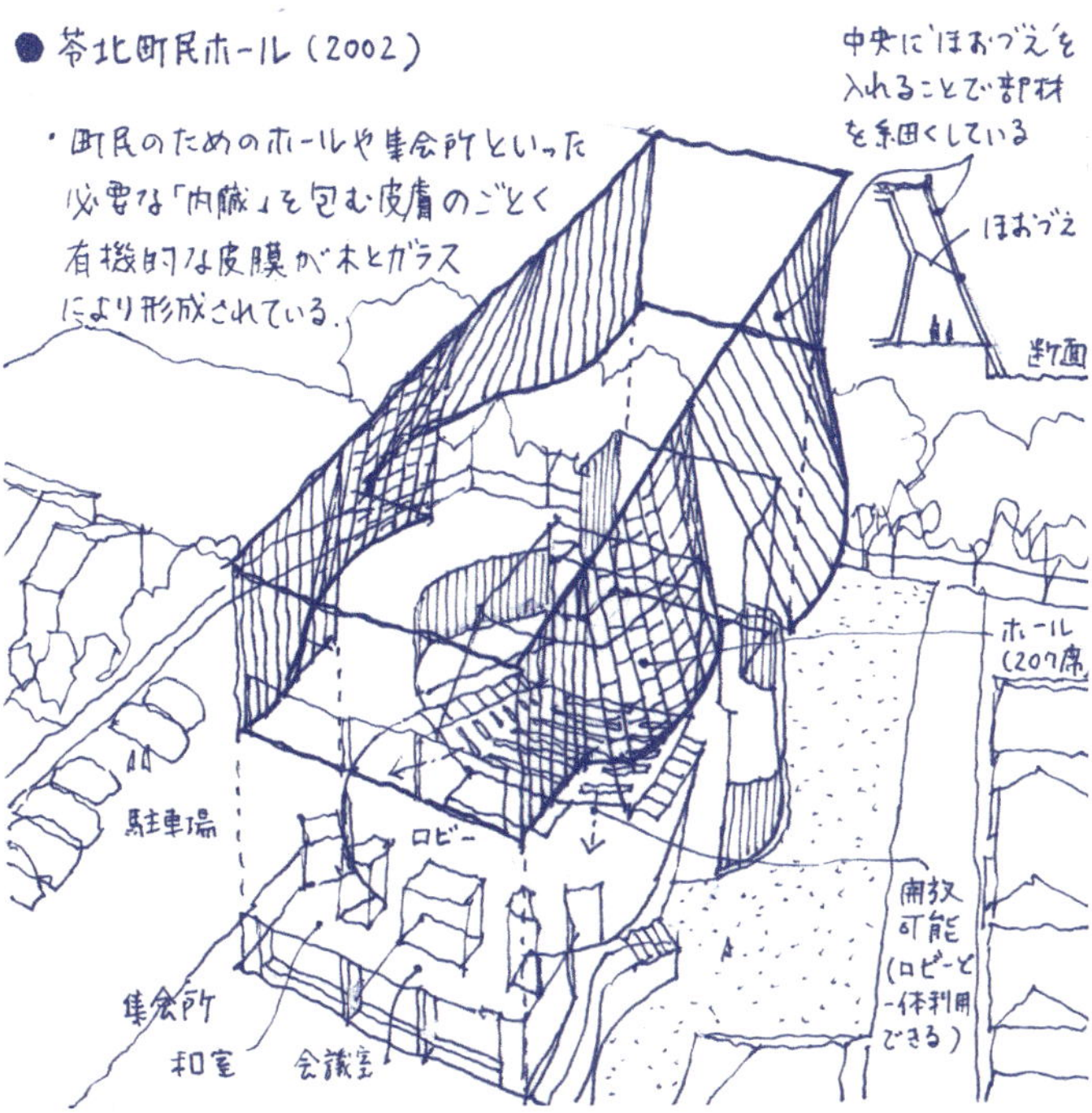

施設内や周囲をめぐると波形の壁面がゆるやかに変化し、多彩な場所や風景を発見することができる。

うがつ

〝閉じつつ開く〟空間

Architecture
23 NTT西日本九州病院
［旧熊本逓信病院］
24 熊本駅前交流広場

Keywords
・閉じつつ開く3D
・斎場御嶽

「ととのう」［024－027頁］にて、建築や空間の理想的な形の一つとして、足し算と引き算が共存した造形のことを紹介しました。「馬見原橋」と「熊本駅前立体横断施設」を訪れ、足し算としての橋、引き算としての穿たれた丸い孔や大円弧の切り取りが、両者バランスよく同居している姿に注目した話です。

そこでは加算減算の操作が、橋という板について行う2次元的なものであったのに対し、ここでは立体的な〝空間〟つまり3Dバージョンで考えてみたいと思います。

沖縄の「斎場御嶽《せーふぁーうたき》」には、自然がつくりだした不思議な〝空間〟があります。

「御嶽」とは、奄美諸島から宮古・八重山に至る南西諸島に広く分布している聖地の総称で、沖縄本島南部に位置するこの「斎場御嶽」は最も格式が高く、世界遺産に登録されています。いわゆるパワースポットですね。

御門口《うじょうぐち》から大庫理《うふぐーい》と呼ばれる拝所や、巨石が寄り添う三庫理《さんぐーい》という洞門を経て、女神が降臨したという神話の島、久高《くだか》島を望む遥拝所へと至る参道の中で、いくつもの拝所空間が、森や巨岩からまるで穿たれたようにかたちづくられています。

特にクライマックスの久高島遥拝所は、そのぽっかりと空いた球形の空洞が明快で、木々の間に開いた丸い〝窓〟より久高島を望むことができます。木々に抱かれる包容感と、海や空への開放感が同居した不思議な感覚に、しばし時を忘れます。

このような、包まれつつ開放感のある、つまり〝閉じつつ開く〟ような、相反する感覚が同居した空間を人為的につくることはできるのでしょうか？

23

NTT西日本九州病院［旧熊本逓信病院］

熊本市中央区新屋敷

設計は山田守［山田守建築事務所］。熊本逓信病院として1956年竣工。2003年「日本におけるDOCOMOMO 100選」に選定。2017年解体（現存せず）。

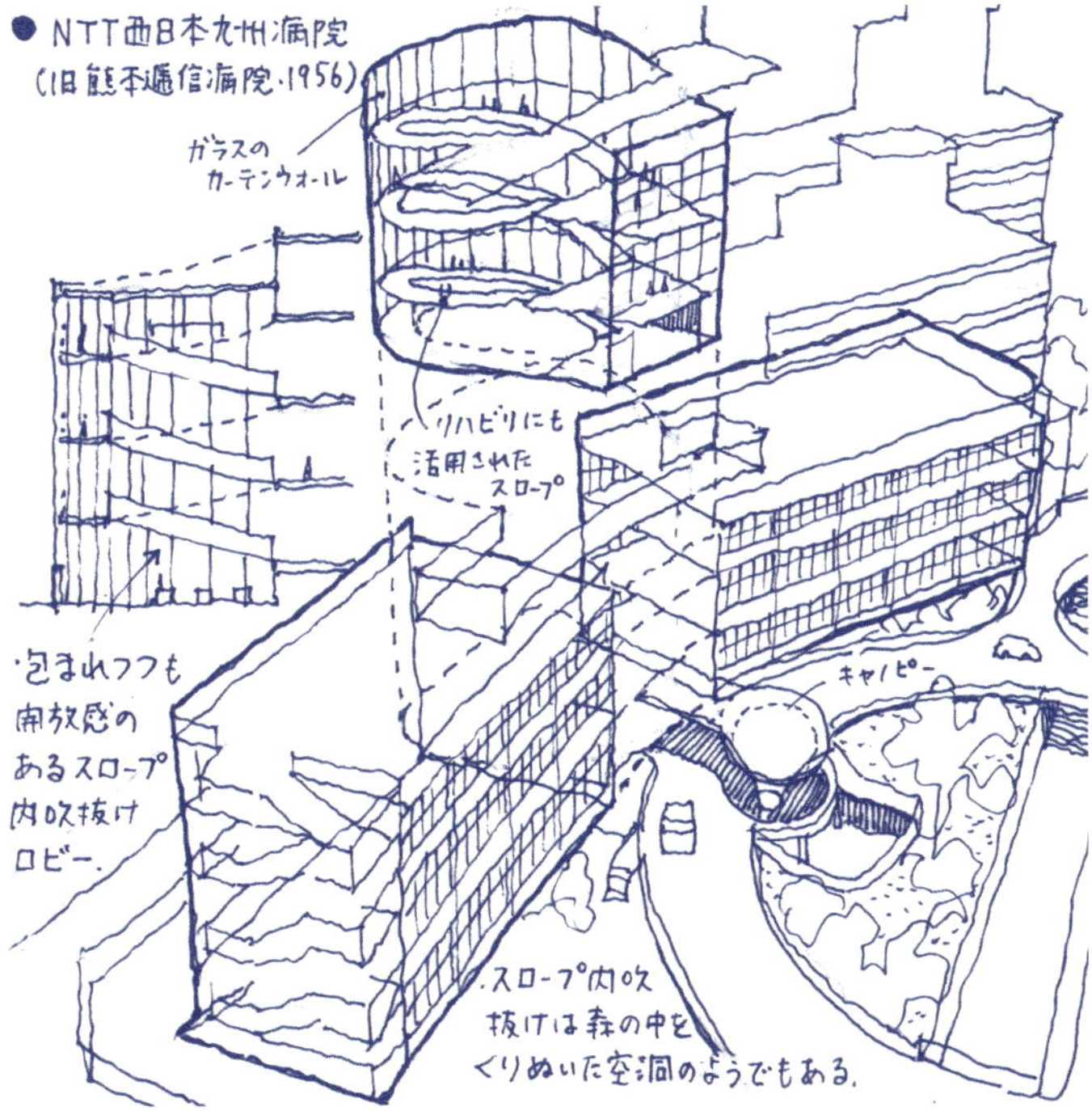
● NTT西日本九州病院
(旧熊本逓信病院・1956)
ガラスのカーテンウォール
リハビリにも活用されたスロープ
包まれつつも開放感のあるスロープ内吹抜けロビー。
キャノピー
スロープ内吹抜けは森の中をくりぬいた空洞のようでもある。

とぐろを巻くスロープは
各階をつなぐ
機能的な動線であると同時に
患者のリハビリ空間でもあり、
立体広場の観覧席でもある。

実は、2017年に残念ながら解体されてしまいましたが、熊本市の「NTT西日本九州病院」［旧熊本逓信病院］にて、その空間を見ることができました。産業道路に大きく〝への字〟のように開いたガラス張りの病院といえば、ピンとくる方も多いかと思いますが、実はこの病院、熊本で唯一「日本におけるDOCOMOMO100選」*に選ばれていたのです。

それはさておき、お目当ては〝への字〟の中央にある待ち合いロビー。整然とした外観からは想像もできない空間が待ち受けていました。ニューヨークのグッゲンハイム美術館をも彷彿とさせる螺旋のスロープが周囲を取り巻いた、大きな吹き抜け空間。ツルのように巻き上がるスロープと列柱による〝森〟の中をくり抜いた空洞のようにも見えました。患者や病院職員の立体的な往来に包まれつつ、半透明ガラスの壁面越しに周囲の環境とつながる、バランスのとれた空間だったのです。

「熊本駅前交流広場」も、そのような考え方でデザインされています。

これは交差点の大きな角切部を活用して設けられた広場空間であり、日常的には待ち合わせや憩いの場所として、またときには駅前広場や森都心プラザをつなぐイベント広場として、柔軟に利用できるように設計されています。

直径約24メートルの円を内包するおむすび形の広場は、ウェーブするグリーンベルトとケヤキの高木によりゆるやかに囲まれた空間です。イベント時には観客席にもなる立体横断施設にもおおらかに包まれています。樹木に全周を囲まれつつ、目の高さではパノラマで駅周辺を見渡すことができ、開放性も両立しています。

沖縄まで行かずとも、熊本で〝閉じつつ開く〟空間を感じることができるのです。

* DOCOMOMO (Documentation and Conservation of buildings, sites and neighbourhoods of the Modern Movement)：モダン・ムーブメントにかかわる建物と環境形成の記録調査および保存のための国際組織

24

熊本駅前交流広場

熊本市西区春日

設計監修は熊本駅周辺地域都市空間デザイン会議。２０１１年完成。２０１３年「熊本駅周辺地区」として平成25年度都市景観大賞を受賞。

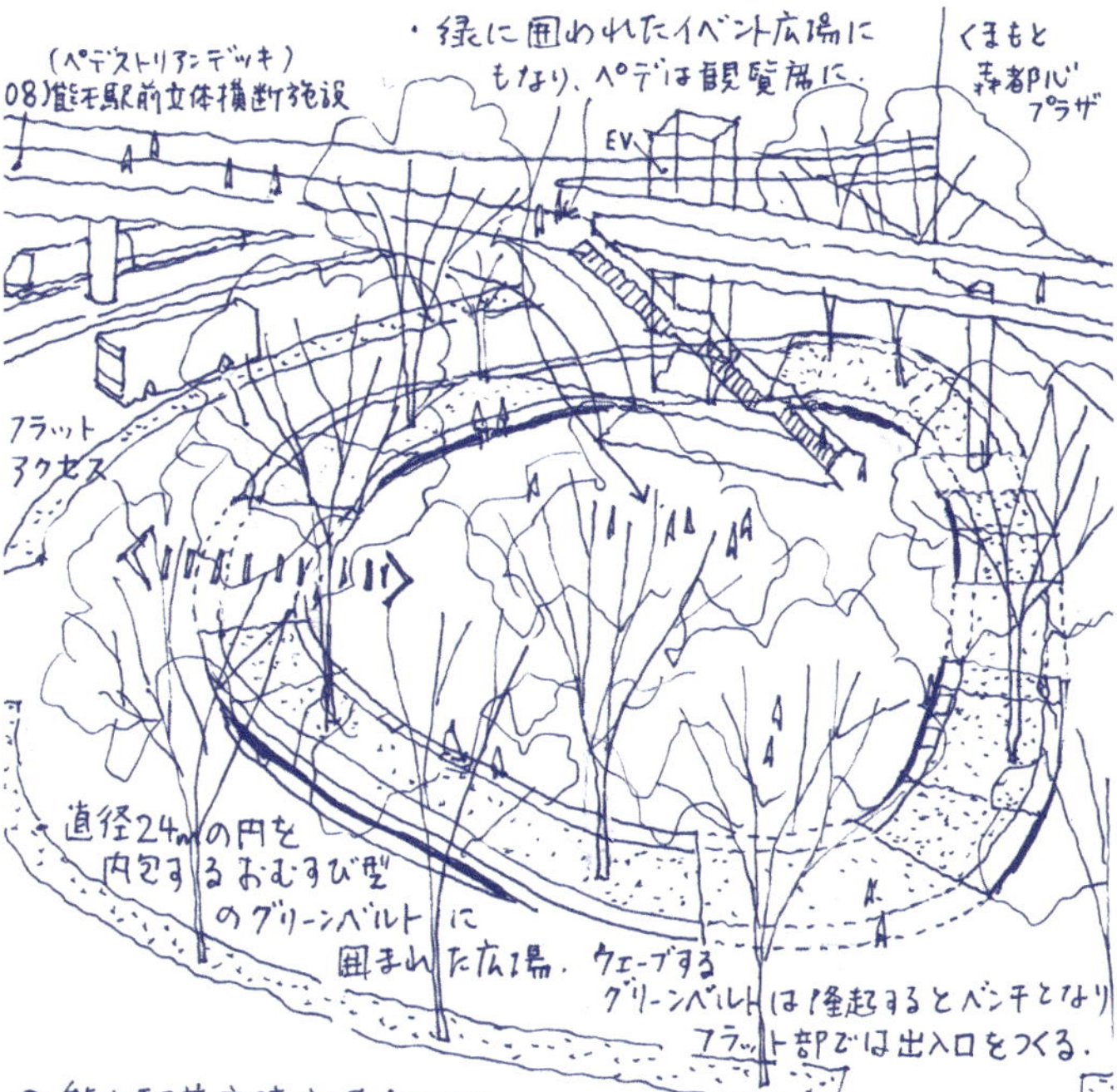

● 熊本駅前交流広場(2011)

駅前のにぎわいを感じつつも、
落ち着きのある空間をめざした広場デザイン。
森都心プラザのアトリウムとの一体的なイベント開催も可能。

わかる

地図なしで認識できる空間

25 水前寺成趣園
26 熊本県立装飾古墳館

Keywords
・お化け煙突
・地図なしでわかる建築・空間

「お化け煙突」をご存知ですか？ 東京の隅田川沿いにかつて実在した火力発電所の煙突のことで、見る方向により本数が変わるという摩訶不思議なものであったことから、いつしかそう呼ばれるようになりました。

普段は4本。ところが橋からは3本、小学校からは2本、そして消防署では1本！ というように、街の中で高さ80メートルを超える巨大な煙突が重なったり離れたりすることで、さまざまな姿を呈したわけです。ケーキのロウソクをいろいろな方向から見ると本数が変わる、その原理と同じですね。

子供たちにとっては「お化け」のような奇怪なものであったこの煙突も、大人にとっては「灯台」のようでもあったといわれています。煙突の重なり具合と大きさによって、自分が今街のどこにいるかわかる。つまり街の「羅針盤」として機能していたのです。

見知らぬ街や初めての建築では、地図やサインに頼りがちです。しかし地図なしで、おぼろげながらも全体像や自分の居場所がわかる——そんな空間や建築があったら理想的ですが、実際そのようなものなどあり得るのでしょうか。

実は熊本の有名庭園にそのヒントが隠されています。それは桃山様式の優美な回遊式庭園といわれる「水前寺成趣園」。桂離宮や兼六園と同様に、池とその周囲をめぐる「池泉回遊式」として作庭され、園路では築山や浮石、芝生、松などによる、東海道五十三次の景勝を模したといわれる景観をたのしむことができます。

入り口でもらうパンフレットには園内の地図が載せられ、園内にサインもありますが、歩くときはあま

25

水前寺成趣園

熊本市中央区水前寺公園

1636年から約80年かけて、細川忠利公から3代にわたり築造された桃山式庭園。

大きな池と“富士山”や鳥居との関係から、今自分がどこにいるのかだいたいわかる回遊式庭園。

り参考にしないと思いませんか? 地図を。まず池のほとりで庭園の全体像が一望でき、大きな池とランドマークである〝富士山〟や建物「古今伝授の間」を認識し、二つの太鼓橋に誘われ回遊スタート。道中は常に池や山が見え隠れするので、自分が今どこを歩いているのか、なんとなくわかります。

　池の周囲を回遊するという大きな骨格を理解し、山や建物などによるいくつかの景観要素が基準点となることで、頭の中に地図が描かれるのです。

山鹿市の「熊本県立装飾古墳館」も〝地図いらず〟の建築です。駐車場から森の散策路を抜け、L字壁に導かれながら大階段を上り、建物の四角い背中に乗ると眼下の一大古墳群を見渡すことができます。眼前には直径30メートルを超える円形広場が大きな口を開けて構えており、外周のゆるやかな下りスロープに館内へと誘われます。そしてちょうど1周したところでガラスの箱の折り返しスロープに乗り移り、地下の展示室へ。

　この間の経路はトンネルのように閉じることなく、眺望が切れ目なくつながっていたので、自分が大きな円を1周し、はじめに遠望した四角い背中の下にいることをなんとなく認識しています。つまり、この建物が大きな円形広場と四角い箱、そしてそれらをL字壁がつないでいる前方後円墳のような構成を、回遊することで理解できているのです。

「お化け煙突」による地図なし感覚は、毎日そこで暮らすいわば〝熟練者〟に培われるものです。しかしその感覚を、ある建築の〝初心者〟に与えることができれば、その人は空間や散策をより自由にたのしむことができるかもしれません。そんな建築をもっと増やしていきたいものです。

26

熊本県立装飾古墳館

山鹿市鹿央町

設計は安藤忠雄［安藤忠雄建築研究所］。1992年竣工。1994年に別館（実習棟）を増築。

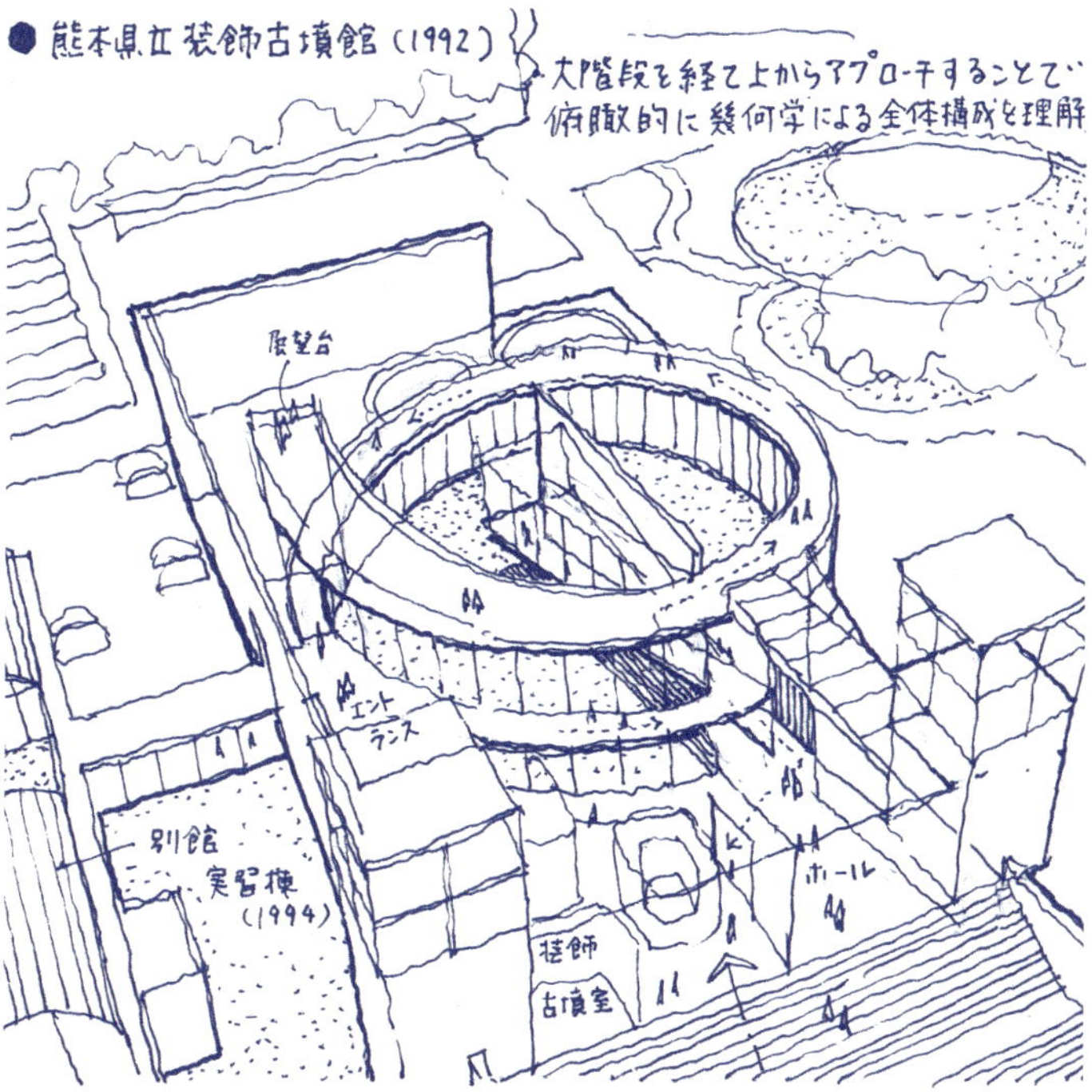
熊本県立装飾古墳館（1992）
大階段を経て上からアプローチすることで
俯瞰的に幾何学による全体構成を理解
展望台
エントランス
別館
実習棟
（1994）
ホール
装飾
古墳室

円形の大きな広場を、回遊式庭園の池のように感じながらめぐると、
いつのまにか建物の全体像が頭に入ってくるのが不思議。

はさむ

天井と床が生む豊かな空間

27 八千代座
28 熊本県立美術館本館

Keywords

・水平性
・広告天井
・ワッフルスラブ

「シドニー・オペラハウス」（オーストラリア）の設計で有名なヨーン・ウッツォンは、日本建築から影響を受けた建築家としても知られています。ウッツォンは日本の伝統的な家屋について、テーブルでもあり椅子でもあるフラットな木の床の上に、それを覆う山のような屋根が〝宙に浮かんでいるよう〟と感じ、それらを対比的に描いたスケッチを残しました。そして床と天井の間にある障子や襖が自在にスライドし、水平性をより強調していることを特記しています。

その知見が後のデザインに〝応用〟されました。階段状の大きな基壇の上に、複数の貝殻状屋根が軽やかに舞う、あのオペラハウスに見る対比的な構成は、実は日本の屋根と床による水平空間に触発されたものだったのです。

屋根・天井と床による〝水平空間〟。借景を受け入れるパノラマの額縁をなし、可動建具と共に間取りが柔軟に変化するこの空間は、私たちの「原風景」とも言えるものです。日常的に目にすることも少なくなりましたが、例えば喜多方の「熊野神社長床」（福島県）や安芸の宮島近く「千畳閣」（広島県）、高松は栗林公園内「掬月亭」（香川県）などがそのDNAを後世に伝えていくことでしょう。

熊本にはないの？　と心配になるところですがご安心を。まずは2011年に開業100年を迎えた山鹿市の「八千代座」へ参りましょう。敷居をまたぎ、足を一歩踏み入れた人はたいてい天井を見上げ感嘆します。そう、あの色鮮やかな広告天井に。これは現存するほかの芝居小屋にはない独特のものです。真鍮製のシャンデリア部を除く60マスの格子に描かれた広告模様は、紺碧の空に浮かぶ雲さながらであり、にぎやかな街の夜景のようでもあります。

27 八千代座
山鹿市山鹿

1910年完成。設計および工事監督は木村亀太郎。1988年、国の重要文化財に指定。その後復元修理が行われ、2001年に竣工。

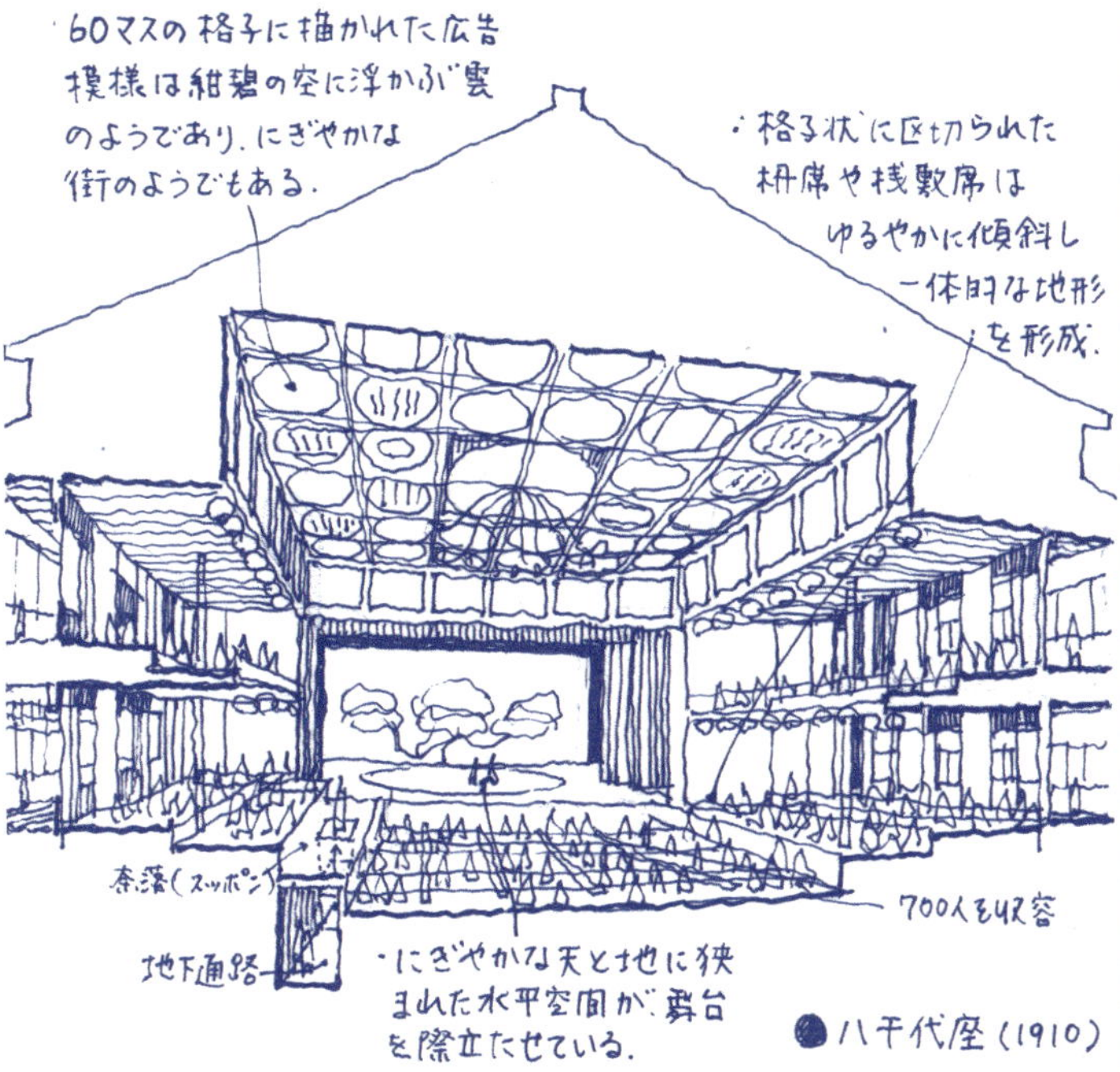

60マスの格子に描かれた広告模様は紺碧の空に浮かぶ雲のようであり、にぎやかな街のようでもある。
・格子状に区切られた枡席や桟敷席はゆるやかに傾斜し一体的な地形を形成。
奈落（スッポン）
地下通路
700人を収容
・にぎやかな天と地に挟まれた水平空間が舞台を際立たせている。
八千代座（1910）

広告天井の文字が舞台方向に向いているのは、
VIP席である上手桟敷側からの読みやすさを優先したからだろうか。

一方、床も天井と同様に枡席、桟敷席として格子状に区切られ、ゆるやかな勾配により舞台が観やすいよう設計されています。劇場の側面からは十分な自然光が入ってくるので壁の存在感が薄らぎ、より格子状の天井と床がつくりだす空間という印象を受けます。にぎやかな天と地に挟まれた〝水平空間〟が舞台を際立たせています。

つづいて、美術館建築における前川國男の〝到達点〟ともいわれる「熊本県立美術館本館」へ。前川は設計にあたり「そこにある樹木は蘇生させる」「建物の高さを抑制する」「環境に適合する素材を選ぶ」という設計条件を自らに課したといわれています。それにより、低層かつ落ち着いたトーンの外観からは到底予測することのできない、高低差に富むと同時に豊かな自然が取り込まれた、歩いてたのしい空間が内部に展開しています。

ワッフルスラブと呼ばれる格子天井と、城郭のような基壇との間に生み出された、下部がデコボコしている〝水平空間〟。格子の入隅はやわらかく丸められ、格子内の底面はサックス・ブルーに塗装されていることから、この天井は空にたなびく雲のイメージなのかもしれません。雲と城郭に挟まれた外のような空間、そんな印象です。

日本建築の特徴である〝水平空間〟は、どちらかというと風景を引き立たせる〝黒子〟のような性格を持ちます。天井も床も額縁を意識するあまりプレーンなものが多いのですが、八千代座や熊本県立美術館本館の水平面はひと味違います。それ自体が実に個性的。日本建築の特質を備えつつも〝天と地の間〟自体にも豊かさが与えられた、希有な空間と言えるでしょう。

28 熊本県立美術館本館

熊本市中央区千葉城町

設計は前川國男［前川國男建築設計事務所］。1976年竣工。2016度「DOCOMOMO Japan 選定作品」に認定。

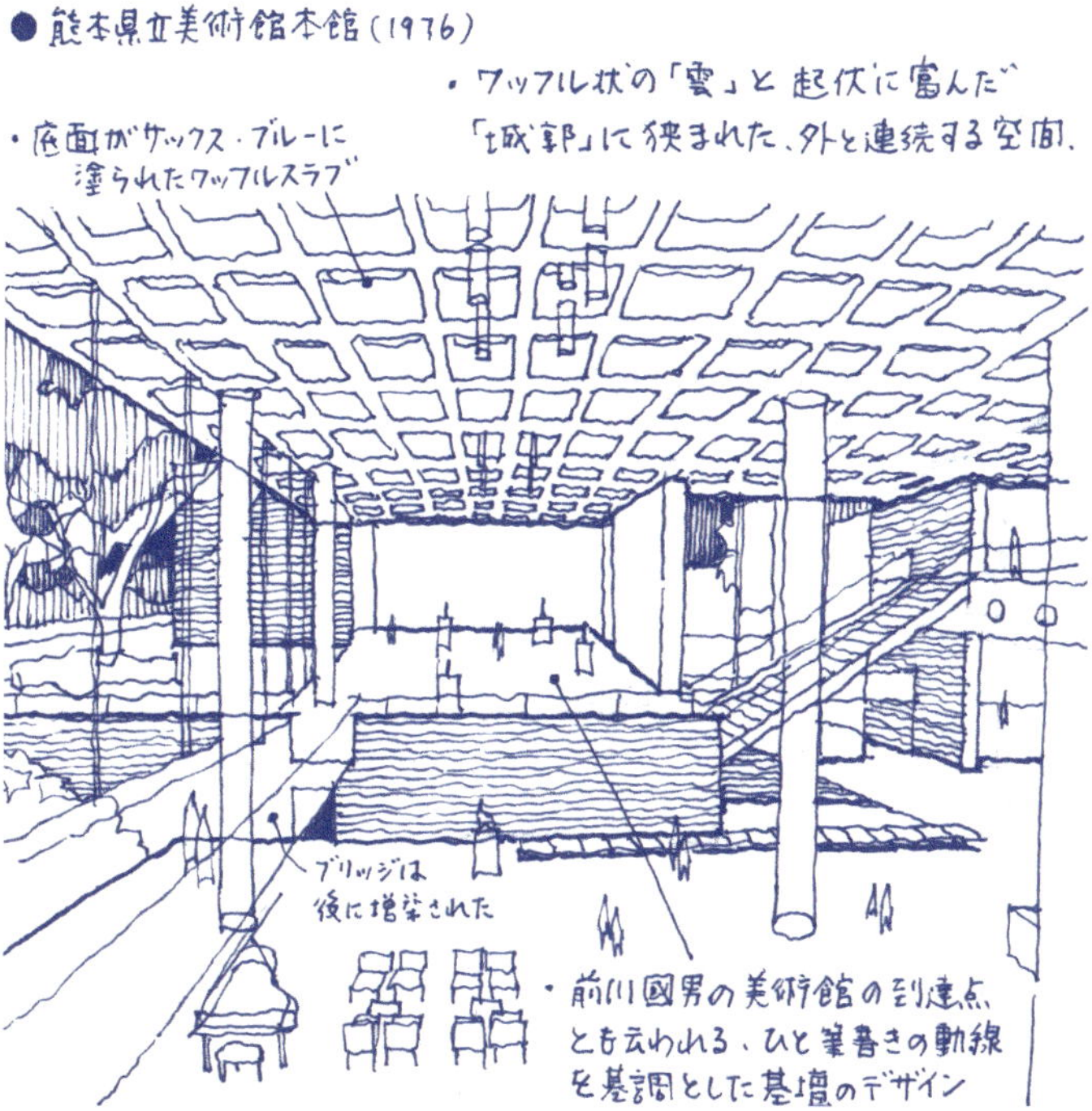

●熊本県立美術館本館(1976)
・ワッフル状の「雲」と起伏に富んだ「城郭」に挟まれた、外と連続する空間。
・底面がサックス・ブルーに塗られたワッフルスラブ
ブリッジは後に増築された
・前川國男の美術館の到達点、とも云われる、ひと筆書きの動線を基調とした基壇のデザイン

床がフラットで天井に変化がある空間が多いが、この美術館は逆。天井がフラットで床に起伏のある空間構成。

わける

風景に奥行きを与える「高速効果」

Architecture
29 県営山の上団地
30 熊本駅新幹線口（西口）駅前広場

Keywords
・近景・中景・遠景
・高速効果

突然ですが、日本の都市景観は好きですか？ どちらかというと自然発生的な都市について「雑然としている」という否定的な見方や、「活力がある」といった肯定的な捉え方もあり、賛否両論です。今回これに関する是非は置いておき、この景観が〝よりよく見える方法〟について考えます。できれば映画のように見える方法を。

例えば……、高速道路や船上から観る方法。ビルの合間を縫うように張りめぐらされた高速の車窓からは、おそらくこのような風景が連続します。疾走する防音壁の〝帯〟越しに、大小さまざまなビルの中高層部がゆったりと流れ、そのすきまからはきらめく東京タワーが見え隠れしながら並走する……。タルコフスキーの映画「惑星ソラリス」のようです。

一般的によい景観の条件として、近景・中景・遠景のバランスがあります。例えば30メートル以内の近景、250メートル以遠の遠景、そしてその中間の中景といった教科書的な距離区分はありますが、まずは〝見え方の違いによる区別〟があることが基本です。

しかし普段私たちが歩道を歩く際、その区別を感じることはあまりありません。乱雑な駐輪から突出看板や建物までが一緒くたとなり、近景と中景の区別ができないのが実状です。

高速道路や水上では三つの景がほどよく抽象化され、流れる速度の違いから〝区別〟を感じ、風景に奥行きが演出されるのです。これをここでは「高速効果」と呼びましょう。では首都高速も水上交通もない熊本で、この効果を感じることはできないのでしょうか。そんなことはありません、建築が頑張っています。

29 県営山の上団地

熊本市中央区大江

1961–1964年、住宅地区改良法に基づき県が建設。1978年に共同浴場を増築。2014年解体（現存せず）。

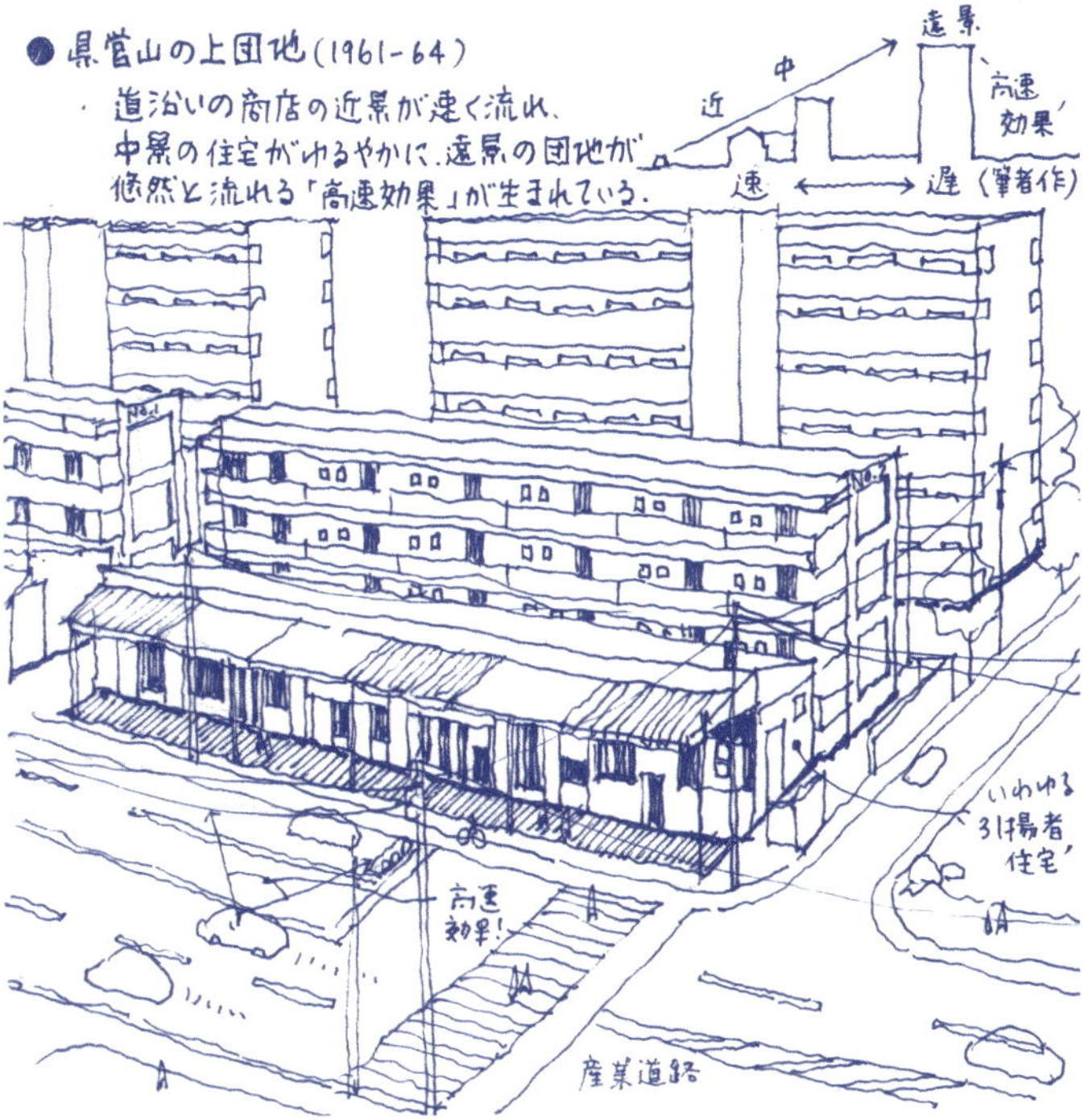

団地建物が近景の中で
低層店舗と中層住居に“分割”され、
狭い奥行きの中で
帯状の近・中・遠景を形成している。

熊本市の産業道路を走っていると、大江付近にて存在感のある団地に目が止まりました。「県営山の上団地」です。いわゆる引揚者住宅で、終戦後、海外からの引揚者や戦災者のために建設されました。産業道路に面していた2棟は鉄筋コンクリート造3階建てでしたが、1階住戸に店舗が併設されていました。解体前のしばらくはほとんどシャッターが閉まっていましたが最盛期は計18店舗あったとのこと。

この低層店舗が〝基壇〟のように付属していることで、全体断面が長靴のような格好をしていました。これがミソです。歩きでも自動車でも、移動しながら観ると、そこには「高速効果」が。多彩な表情を持つ商店街が速いスピードで流れ、中層の住宅が比較的ゆるやかに流れる。その後方で高層の新棟が悠然と構えていたのです。

「熊本駅新幹線口（西口）駅前広場」ではさらなる進化を見ることができます。高架と大屋根による駅舎のボリュームと、駅前低層エリアとのギャップを埋めるように、壁・屋根・サインなどが一体化した〝基壇〟がぐるりとロータリーを取り囲んでいます。ここでも、断面が駅舎と共に長靴形を形成していることにより「高速効果」を至る所で見ることができます。山の上団地と異なる点は、基壇の中に入ることができること。さまざまな開口部や駅舎に対する角度のズレから、多彩な中景や遠景を得ることができるのです。

山の上団地では近景・中景・遠景が3層の帯による平面的な構成であるとしたら、新幹線口駅前広場ではそれらが多方向に交錯する立体的な構成と言うことができます。青空を背景に屋根の孔から新幹線を切り取ることができるように、三つの景の組合せを自ら〝編集〟することが可能な、景観建築の進化形と言うことができるかもしれません。

30 熊本駅新幹線口（西口）駅前広場

熊本市西区春日

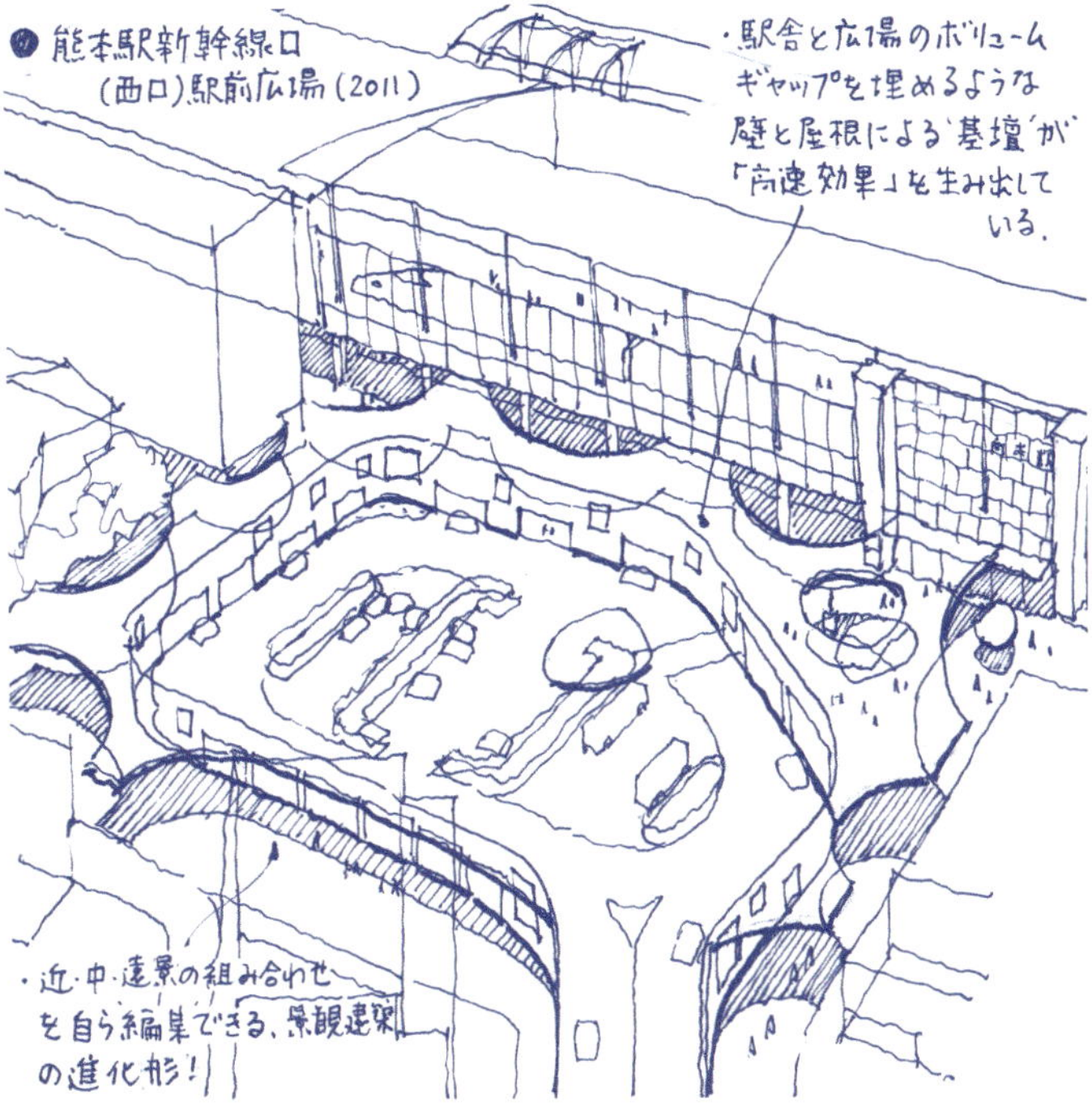
❼ 熊本駅新幹線口
（西口）駅前広場（2011）
・駅舎と広場のボリューム
ギャップを埋めるような
壁と屋根による"基壇"が
「高速効果」を生み出して
いる。
・近・中・遠景の組み合わせ
を自ら編集できる、景観建築
の進化形！

設計は佐藤光彦［佐藤光彦建築設計事務所］。くまもとアートポリス公開コンペ（応募数205）にて選定された。2011年2月竣工。

熊本駅

黒と白の"基壇"の中を歩くと、近景の壁開口の中に見える遠景の仏舎利塔（花岡山）など、意外な出合いに直面することもある。

かさねる

奥行きの浅い空間が集積

Architecture
31 熊本城
32 熊本県立農業大学校学生寮

Keywords
・重畳性
・部分と全体

熊本らしさとは何か――。熊本駅周辺や熊本市桜町・花畑周辺地区など、近年行われているまちづくり系の会議で、必ずといってよいほど耳にする問いかけです。新たに整備する街並みに個性を与えたい、当然の願いですね。森、水、城下町などイメージキーワードは出てくるものの、では具体的にどうするの？ となると一同「う～む……」。これはなかなかの難題です。

都市空間は必要なもので満ちています。道路、ビル、街路樹などは必要に応じて設けられており、それはどこの街も同じこと。およそ同じような要素があるべき場所に据えられているので、街並みの画一化は必然の産物なのです。せいぜい周囲の山並みやランドマークを取り込み、それが地域性を持つ景観となっている例も少なくはありません。

環境資源に恵まれた熊本では、この問題についてもう少し踏み込んで考えたい。表層的でなくできるだけ構造的に。

地域を代表する景観といえば……、やはり「熊本城」ですね。池波正太郎は小説『真田太平記』で城の威容に圧倒された記述をしています。

城の南面の『飯田丸』とよばれる曲輪址の重畳たる石垣は、嵐の中に押し寄せて来る波濤を見るおもいがある。

（中略）何といっても、この石垣の相貌が凄い。

幾重にも、幾重にも、石垣と濠と城門とが、深く城の本丸と天守閣を包み込んでいるのだ。

［池波正太郎『真田太平記』新潮社］

31

熊本城

熊本市中央区本丸

１６０７年完成。

大小天守は西南の役で消失したものを１９６０年に再建した。２０１６年の熊本地震により甚大な被害を受けたが、天守閣は２０１９年までの再建をめざしている。

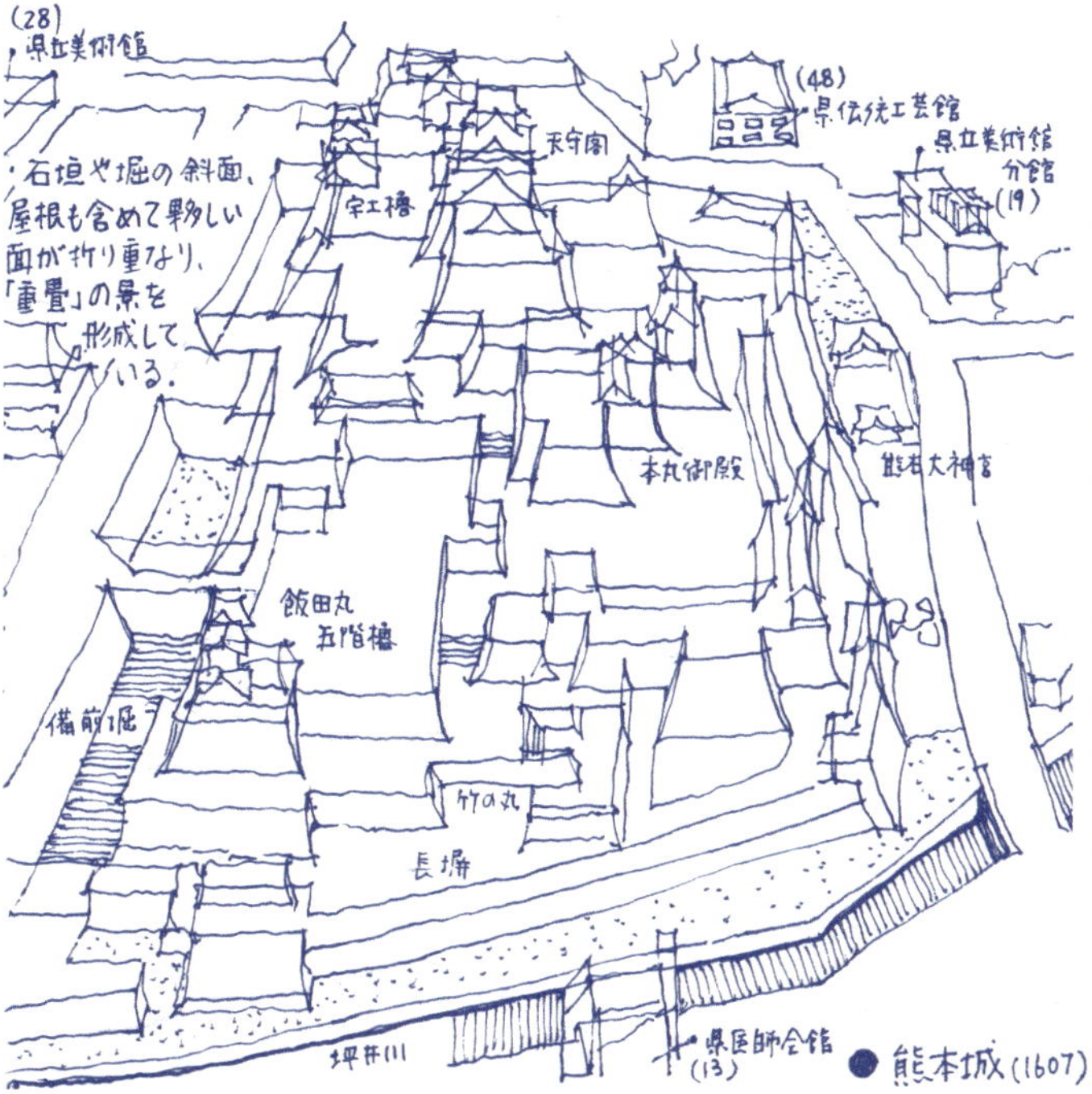

熊本城は石垣と共に撮られることが多く、また多彩なアングルが存在する。
これは「重畳たる石垣」の効果だ。

波のような力強さを感じさせつつ、天守を幾重にも包容している「重畳たる石垣」という表現が印象的ですが、幾重にも重なるという意味の「重畳」に注目しましょう。確かに天守の周辺には石垣が層状に折り重なり、歩き回るとその構成が変化します。石垣間の奥行きの浅い空間が広い範囲で集積し、折り重なっているようです。

この重畳たる景観、山並みや石垣など外部空間だけのものだと思っていたら、何と内部空間バージョンに出合いました、合志市の「熊本県立農業大学校学生寮」で。

木造切妻の分棟が回廊を介してつながり、全体として四つの中庭を取り囲む構成ですが、その中心付近に天井の高い食堂があります。白漆喰による空間の中で天光を受けた28本の柱が佇んでおり、県産アカマツによるその独立柱は曲面カンナにより粗く削られ、ランダムに林立しています。

柱の多い空間ではたいてい柱が邪魔だと思うものですが、ここではまったく苦にならないのが不思議。むしろ森の中にお邪魔している気にさえなります。それは存在感のある柱の〝重畳感〟が、白いワンルーム感よりも強く感じられるため、部屋に柱があるというよりも柱によってできたスペースがたくさんある、といった意識になるからだと推測できます。

つまりここでも奥行きの浅い空間が集積しているのです。

大聖堂やオベリスクを中心に、遠近法の奥行線が放射されているような西欧の都市空間では、極端に言うと絵画のような一つの空間に全てがしたがっています。レストランも樹木も街路の一部なのです。

それに対して日本の重畳空間は、奥行きの浅い空間が集積し、それぞれが自立的である点でまったく異なります。空間同士に主従関係がありません。

部分部分が生き生きと自立しながら、ゆるやかな全体性をつくりだす——。熊本城や学生寮の〝重畳性〟が、難題の重要なヒントを与えてくれているような気がしてなりません。

32

熊本県立農業大学校学生寮

合志市栄

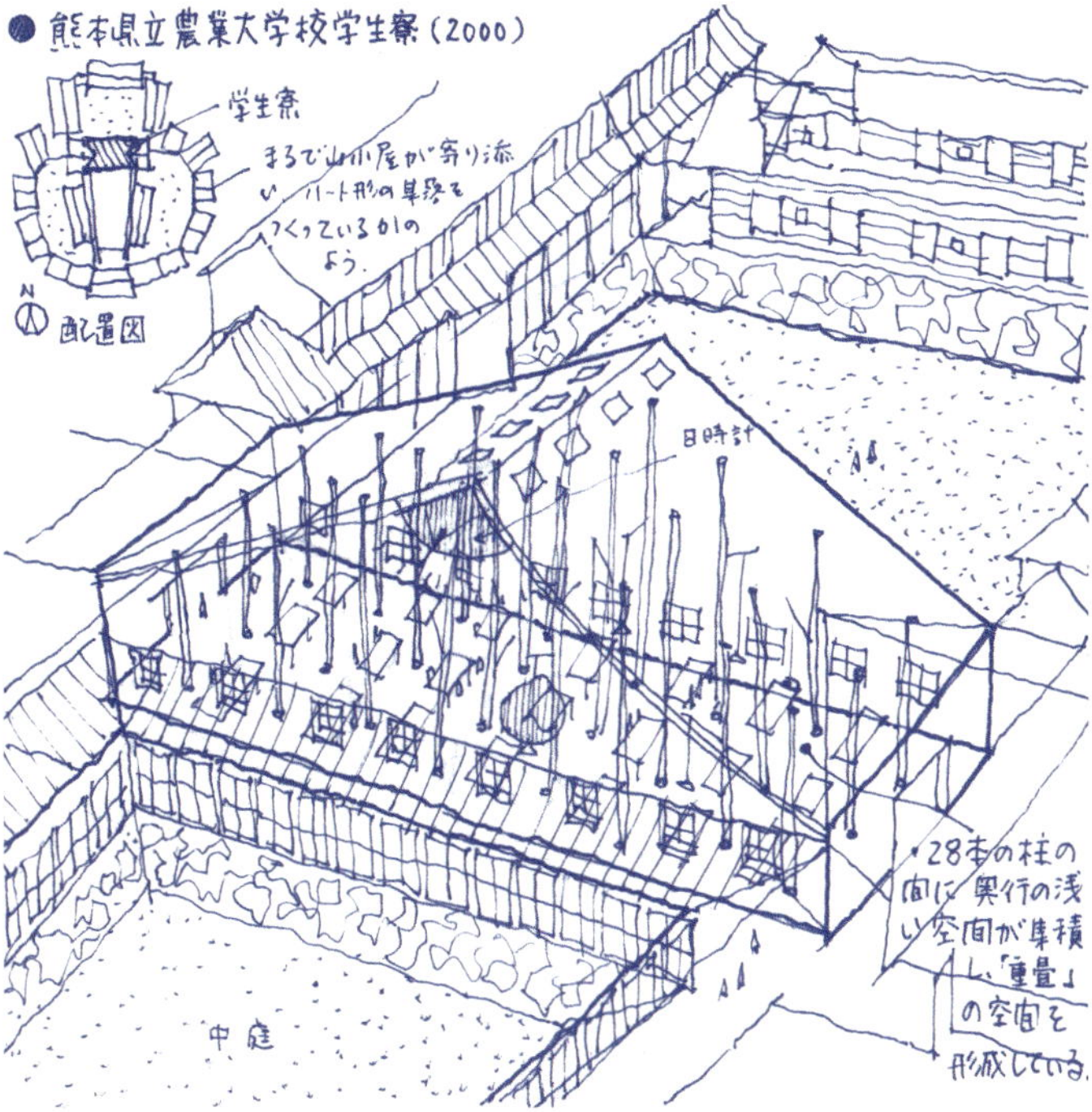

設計は藤森照信＋入江雅昭＋柴田真秀＋西山英夫。2000年3月竣工。2001年度日本建築学会賞を受賞。

壁・天井には
有明産の貝殻を焼いてつくった
漆喰を塗り、火山灰土も一部使用。
木材も漆喰も土も全て阿蘇の恵みによる。

もる

丘がつくる日常との〝結界〟

33 八代市立博物館・未来の森ミュージアム
34 坂本善三美術館

Keywords
・建築とランドスケープ
・結界法

恐る恐る家族3人で進むトンネル、油屋の前に架かる赤い橋、ボイラー室へとつながる急階段……。映画「千と千尋の神隠し」に登場する、数々の異空間への入り口です。これら〝境界〟を通り抜けていくたびに、主人公・千尋が迷い込む世界の虚構性が増幅されていきます。

このような境界により領域を形成することを「結界」といいますが、結界をなすための方法はほかにもあります。神社の鳥居や日本庭園の太鼓橋、茶室の躙口《にじりぐち》もそうでしょう。境界の奥には異空間が広がっています。

周囲をぐるりと塀や壁で囲う西欧の〝線〟や〝面〟による境界とは異なる、ある共通の特徴がこれらには見られます。それは最小限の〝点〟で形成していること。鳥居や橋が点？ 全体のなかで点のような存在という意味です。

周囲の環境とつながりを持ちつつ特別な場所をつくる――この一見矛盾する空間問題を、神社や茶室は〝点〟による境界で鮮やかに解きました。これを超える解法などないだろうと思っていたら、実はその考えを覆すような結界法に出合ったのです、これら二つの建築にて。

まずは小高い丘の上で軽やかな屋根が浮遊しているような「八代市立博物館・未来の森ミュージアム」へ。もともと丘のような地形？ などと考えながら建物の裏方面に回ってみてびっくり。高さが20メートル近くもあるボリュームが地面からそびえ立っているではありませんか。なるほど周囲の松浜軒や八代城趾になじむように建物と街の間に小高いマウンドを盛り、建物を小さく見せているのです。

これが面白い効果を生み出しています。マウンドに沿うゆるやかなスロープを経て周囲の緑を見晴らす

33

八代市立博物館・未来の森ミュージアム

八代市西松江城町

設計は伊東豊雄［伊東豊雄建築設計事務所］。1991年3月竣工。「未来の森ミュージアム」の名称は公募により決められた。

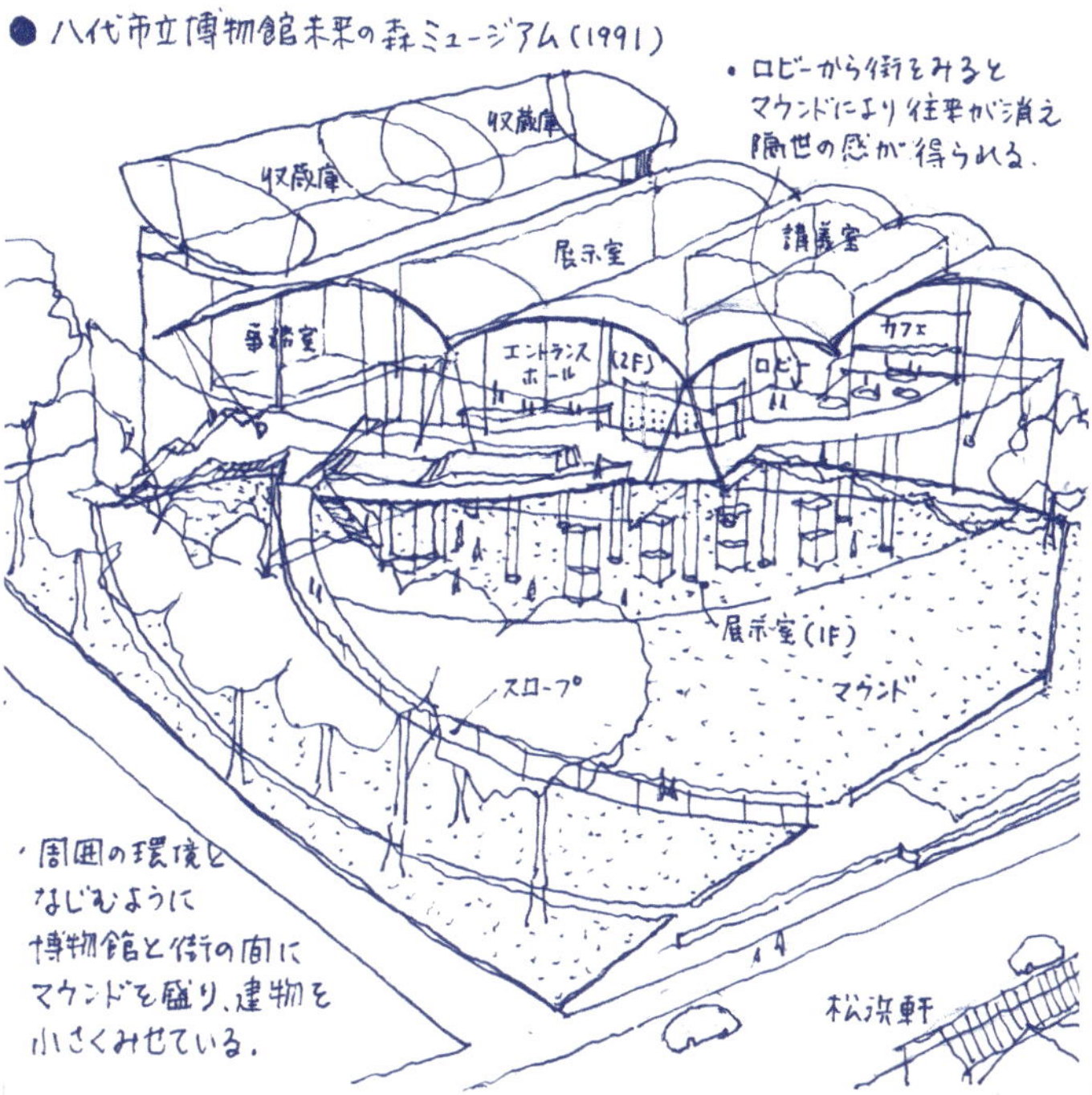
● 八代市立博物館未来の森ミュージアム（1991）
・ロビーから街をみるとマウンドにより往来が消え隠世の感が得られる。
収蔵庫
収蔵庫
収蔵庫
展示室
講義室
事務室
エントランスホール（2F）
ロビー
カフェ
展示室（1F）
スロープ
マウンド
・周囲の環境となじむように博物館と街の間にマウンドを盛り、建物を小さくみせている。
松浜軒

平坦な八代平野の中で特殊な存在であるマウンドは、
意外にも昔からそこにあったような佇まいを獲得している。

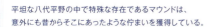

ガラス張りのロビーに到達。視線が高いので行き交う往来は消去され、街の喧噪から切り離された感覚になります。その後地下に潜るように落ち着いた1階展示室へ。眼差しの変化により、日常から非日常への領域へといつの間にか周囲が変化しています。

つづいて、小国町の「坂本善三美術館」。民家を移築した本館、蔵のような展示棟と収蔵庫が鉾納《ほこの》神社に向かってわずかに開いたコの字形を形成し、またもや小高く盛り上げられた丘状の中庭を囲っています。興味深いのは、地形が隣の神社とシンクロしていることもあり、この庭を上るときになんとなく神社を感じながらアクセスしていることです。そして靴を脱ぎ、日本唯一といわれる全館畳敷きの空間へ。本館では梁や鴨居が低く抑えられ、展示もやや低めに設定されているので全体的に空間の重心が低く、自然と床に座って作品を見たくなります。

実際畳に座ってみると、ゆっくりと坂本善三の抽象絵画と向き合うことができ、美術館にいることを忘れるほどリラックスしていることに気付きます。

小高い丘を上り、その後沈むという行動を通して、八代では都市の中で自然を感じる場所を、小国では自然の中で抽象と向き合う場所がつくられていました。両者とも特別な場所をつくりだしているのは、線や点といった2次元的な付加物ではなく、建築とランドスケープが一体となった3次元の〝全体〟であり、その結界法に新鮮味を感じます。

都市や自然に開きつつ、きちんと作品と向き合うことができる環境を建築とランドスケープが協働して実現する。未来のミュージアム像を予言した建築と言っても決して過言ではないでしょう。

34 坂本善三美術館

阿蘇郡小国町黒淵

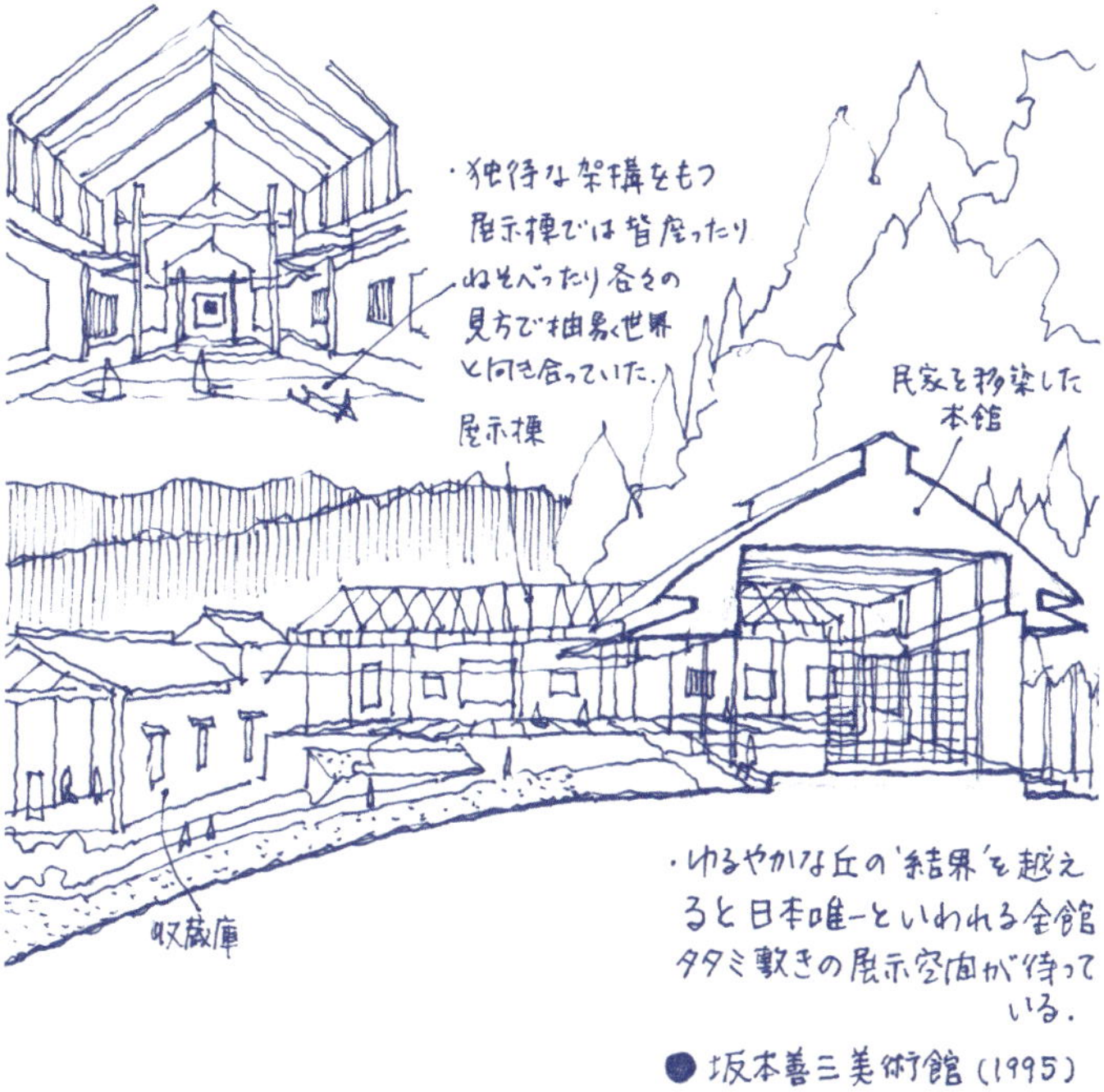
・独特な架構をもつ展示棟では皆座ったりねそべったり各々の見方で抽象世界と向き合っていた。
民家を移築した本館
展示棟
・ゆるやかな丘の'結界'を越えると日本唯一といわれる全館タタミ敷きの展示空間が待っている。
収蔵庫
● 坂本善三美術館（1995）

畳敷きの床効果もあって来館者の滞在時間は長く、また床ではさまざまな鑑賞形態が見られるとのこと。

設計は吉田桂二［連合設計社市谷建築事務所］。1995年3月竣工。日本で唯一といわれる全館畳敷きの美術館。

かまえる

安定した空間へ北向き選択

35 旧高田回漕店
36 不知火文化プラザ

Keywords

・北向き建築
・ルーバースクリーン
・環境調節体

旧制五高本館（現熊本大学五高記念館）の教室が北向きであったことをご存知ですか？ 陽を受けるレンガ煉瓦の壁面と小さな窓は、実は南側に寄せられた廊下のものなのです。これは設計した山口半六のスタイルなのかと思いきや、山口によって2年後に建てられた金沢の旧制四高本館（現石川四高記念文化交流館）を見ると、こちらの教室は南側。

明治時代でもやはり熊本の日射しは強かったようで、やわらかな反射光を受け、順光に映える緑や風景を望むことができる、安定した北向き教室を選択したのでしょう。

日本の住宅や建築では南向き信仰が強く、とかく北向きの空間は「寒い」「湿気が多い」などという理由から避けられてきました。しかし近年では断熱技術の進歩や、その安定性への評価の高まりから、北向き教室を採用する小学校や、北側斜面を活用した住宅などが増えています。わが建築の森にも興味深い北向き建築の先行例があるので、訪ねてみましょう。

まずは三角《みすみ》西港に復元されている「旧高田回漕店」へ。これは開港と同時に現在地に進出し、大正時代に三角東港ができるまで旅客・貨物輸送で大いににぎわっていた、熊本に本店を持つ廻船問屋です。

1階と2階にそれぞれ6部屋、後ろに水屋を有する大きな木造建築ですが、空間構成に独特のものがあります。港に面する南西面の中央に大きな間口の玄関があり、そこから土間が建物中央を貫通。突き当たりの水屋へと向かう渡り廊下の両側には、港とは対照的に人間的なスケールの庭が広がっています。この庭に面して設けられた縁廊からは三角岳を望むことができ、緑豊かな庭をたのしむことができます。そうです、世にも珍しい北向き縁側なのです。海や西日など厳しい環境を持つ南西へは極力閉じ、穏やかな

35

旧高田回漕店

宇城市三角町

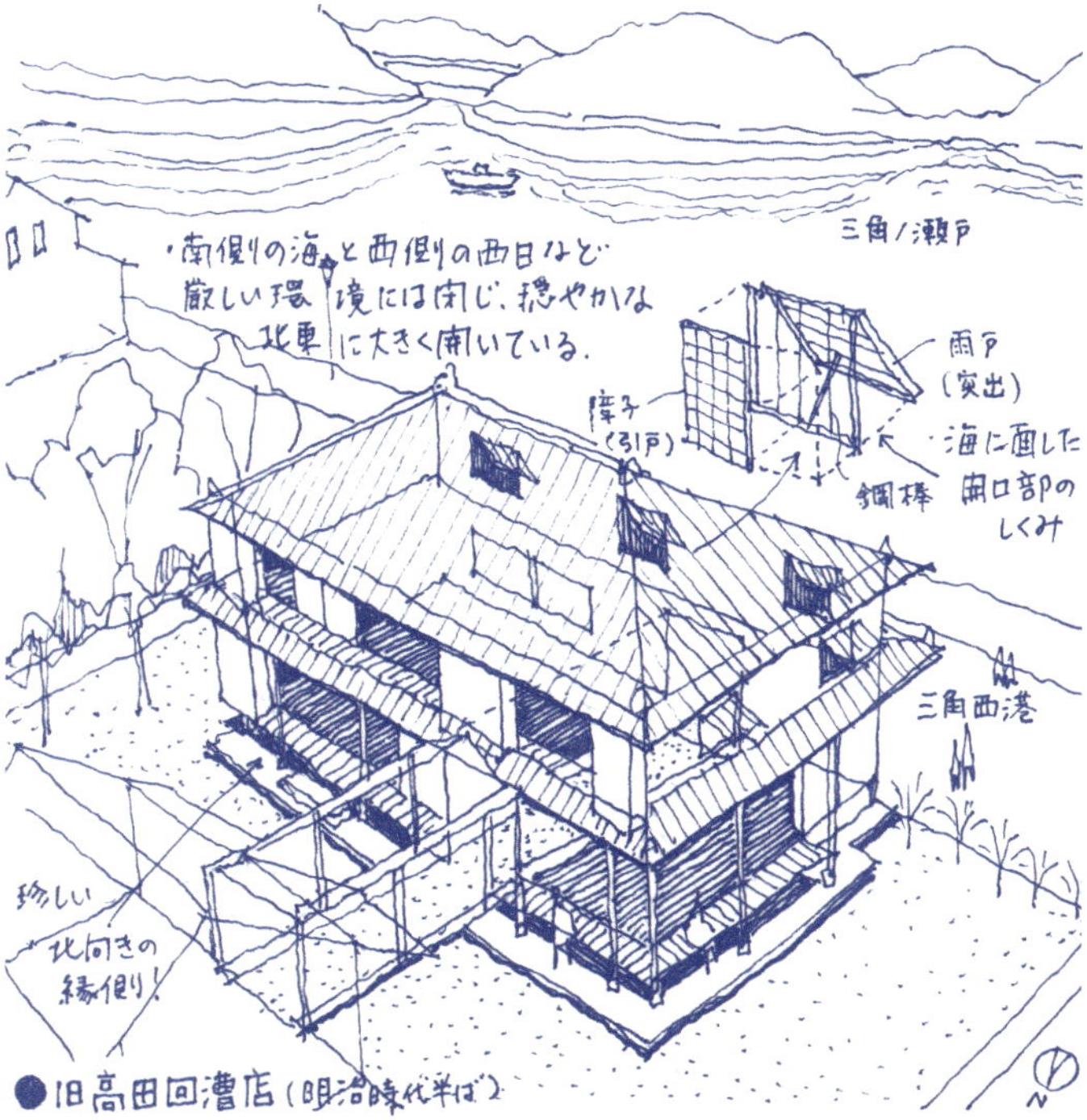

建築年代は定かではないが、明治時代半ばと考えられている。1998年に復元され1999年に旧三角町指定文化財。現在は宇城市指定文化財。

ベンガラ塗りの木戸が印象的な北向きの縁側からは、座敷、南側の窓を通して三角の海を望むことができる。

北東に大きく開くという、環境への〝構え〟が生み出した、海と山に面した三角ならではの空間と言えるでしょう。

つづいて、宇城市不知火町の「不知火文化プラザ」へ。支所や公民館など公共施設が集まるエリアの中で、建物が北側いっぱいに寄せられたことで生まれた大きな芝生の庭が印象的。ここでも南側中央に玄関があり、北側へエントランスホールが一文字で通っています。このホールを挟むように西に美術館、東に図書館が配置され、南側の庭に面したランダムなルーバーが全体をまとめています。不知火現象を意図したというアルミルーバースクリーンは、よく見ると勾玉状の断面を持ち、南国の強い日射しを制御し建物全体の熱負荷を低減する役割も担っています。

これも北向き建築と言ってよいでしょう。図書館や美術館といった性格から直射光を遮る必要があるのですが、それを箱で閉じるのではなく、ルーバー(羽板)、軒下空間、そして建物の窓が立体的に重なり、安定した北側空間をもたらしています。部屋を北側に寄せるのではなく、南側に環境調節体を〝構える〟ことで北向き環境を実現しているのです。

厳しい環境のなかで安定した空間をつくりだす方法は、何も空調などの機械的方法やペアガラスなどの素材的な解決法だけではありません。建物の構えや構成による手法もあるということを、これらの建築は教えてくれます。みなさんがつぎに建築をつくる際に参考にされてはいかがでしょう。

36

不知火文化プラザ

宇城市不知火町

設計は北川原温［北川原温建築都市研究所］＋伊藤建築事務所。1999年4月竣工。
外壁のルーバースクリーンは不知火現象をモチーフとしている。

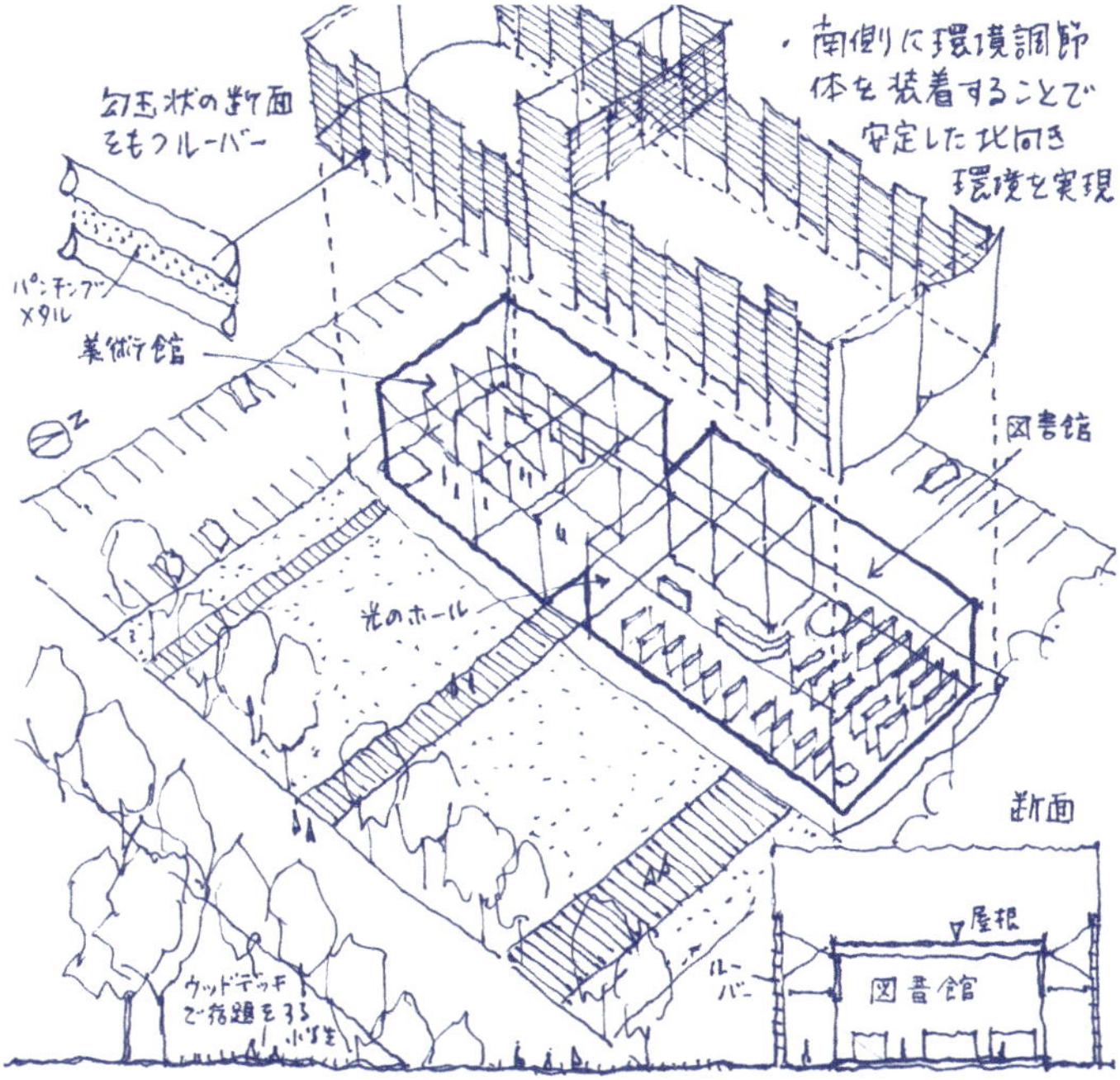

● 不知火文化プラザ（1999）

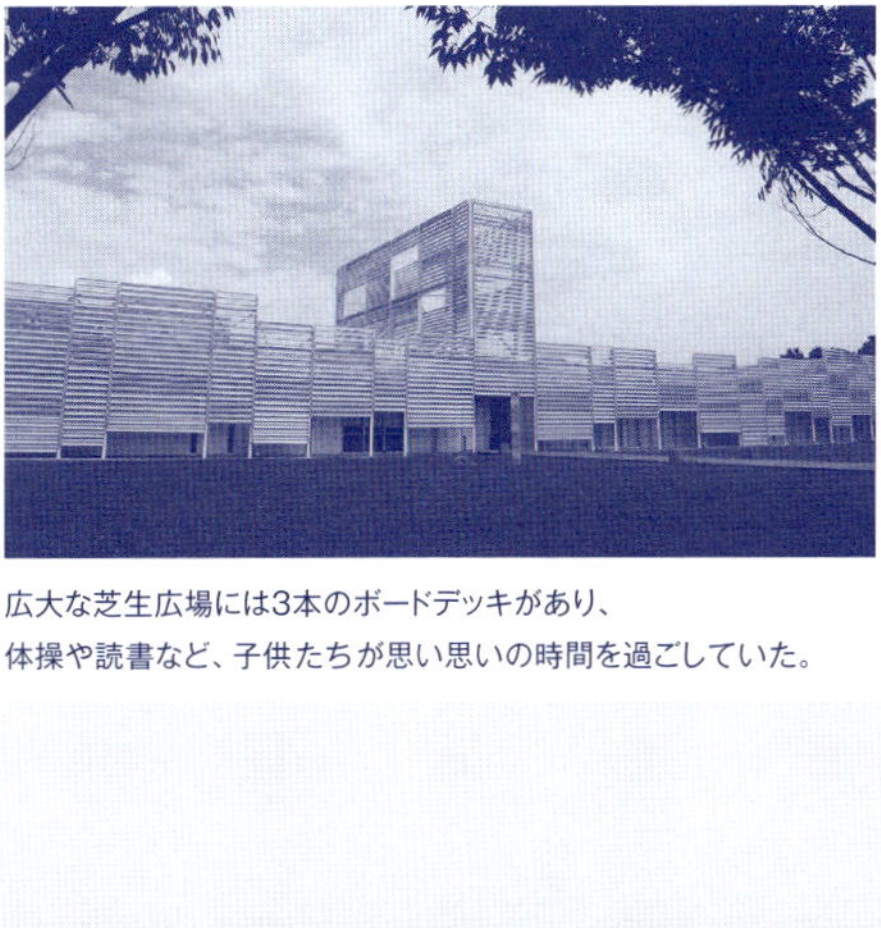

広大な芝生広場には3本のボードデッキがあり、
体操や読書など、子供たちが思い思いの時間を過ごしていた。

いかす

手に入れやすいものを活用

Architecture

37 早川倉庫
38 松木運輸

Keywords

・ブリコラージュ
・リユース材
・技術の応用

冷蔵庫にある食材で美味しい料理をつくる感じ――「ブリコラージュ」を学生に説明するときには、まずこう切り出すことにしています。

ブリコラージュとはその場で手に入るものを寄せ集め、それらを基に試行錯誤しながら新しいものをつくりだすことで、「寄せ集め」や「器用仕事」などとも訳されます。

クロード・レヴィ＝ストロースというフランスの文化人類学者は、端切れや余り物を使い、その本来の用途とは関係なく当面の必要性に役立つ道具をつくる手法が世界各地に見られることを紹介し、ブリコラージュと呼びました。彼は近代以降の、あらかじめ想定した完成形に基づいてモノをつくる「エンジニアリング」と対比し、この人類が古くから持っていた「野生の思考」こそ、近代社会にも適用される普遍的な知のあり方だと説いたのです。

現代では、芸術や音楽の分野で、その場にあるさまざまなものを素材に作品を構成する手法として浸透していますが、建築版ブリコラージュも存在しますので見に行きましょう。

まずは熊本市古町地区の「早川倉庫」へ。もともとは西南戦争直後に建てられた酒蔵が、卸売問屋を経て現在の倉庫業へと変遷し、最近では演劇やライブ、ときにはマーケットなどにも有効活用されています。

その中で東西に並ぶ1号、2号倉庫の骨組みに注目します。まず最初に建てられた1号倉庫は、水平の棟木に大梁を〝立て掛け〟X状に組んだ、合掌造りに似たシンプルな骨組み。次に建てられた2号倉庫では、大小さまざまな部材により、まるで人体骨格のように複雑な組み方がなされています。どちらも同じような大きさ・形の倉庫なのですが、なぜ組み方が異なるのでしょうか。

37

早川倉庫

熊本市中央区万町

岡崎酒店酒類醸造場として1878年(1号倉庫)、1880年(2号倉庫)に建設。工匠は木本理右衛門、大神善吉。

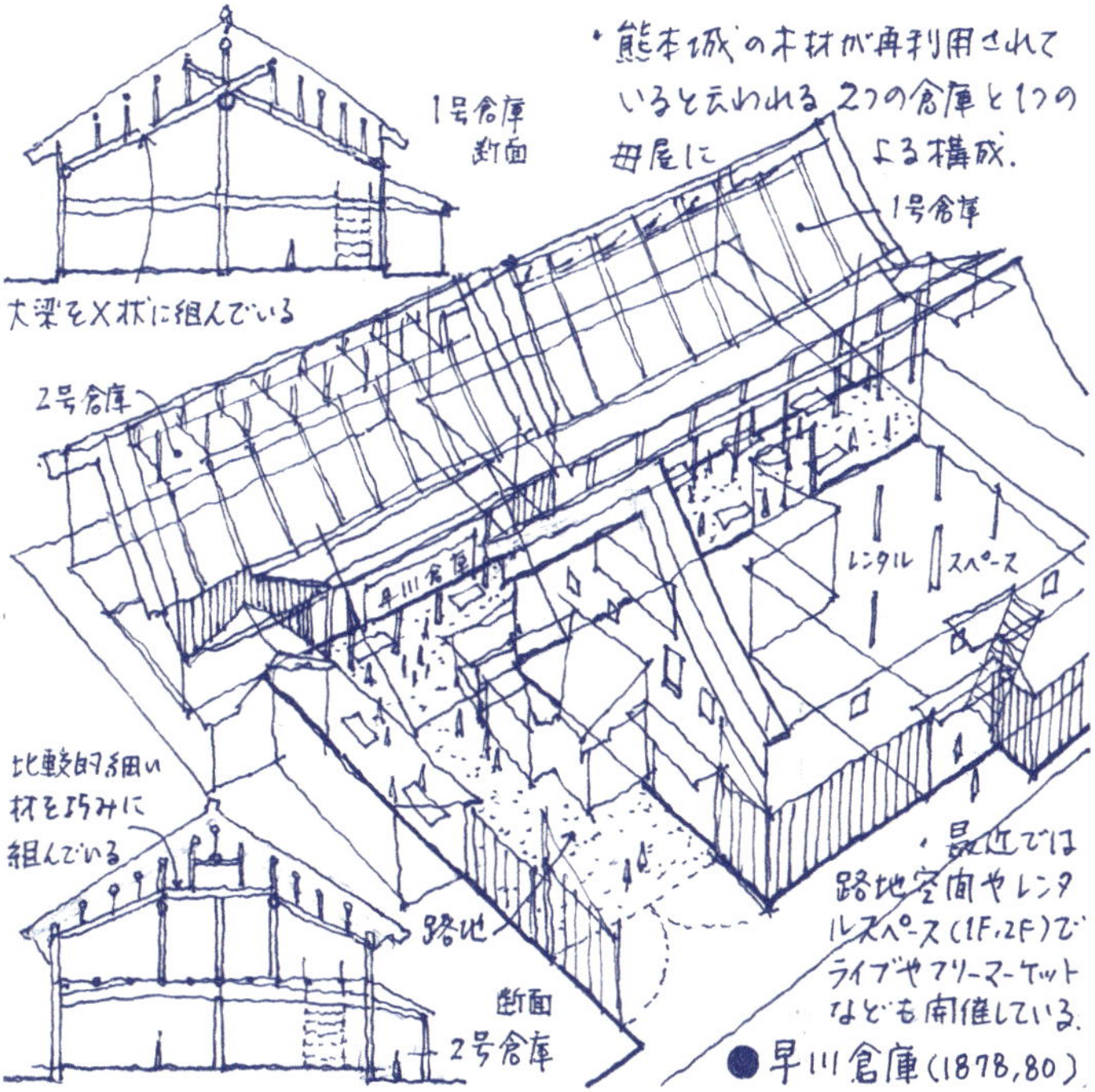

地棟と呼ばれる棟木に全長が7メートルを超える登木が斜めに架かる、
与次郎組と呼ばれる1号倉庫の小屋組。

実はこの蔵の骨組みには熊本城の払い下げ木材を含む、さまざまなリユース材が用いられたといわれています。当時手に入れることができたさまざまな材木が、工匠の知恵と経験により巧みに組まれたブリコラージュの産物なのです。

現代版ブリコラージュは、八代外港埋立地に建つ「松木運輸」の倉庫で見ることができます。県営八代運動公園の広大な緑地に対面するように、八代海をイメージしたという波形の壁面が延々と続いています。隣接する大小五つの倉庫による壁面の総延長は、すきまを含めるとなんと３６０メートル。

シルバーメタリックの短冊パネルが根元では直線状に固定され、上空でサインカーブ状に揺らぐことにより、このウェーブができていることがわかります。特に大きな開口部などは見当たらず、ひたすらこの金属面がひらひらと舞う、ただそれだけなのです。

しかし見る方向に応じて形を変え、時間の経過と共に変化する表情に、どことなく海面と同じ魅力を感じずにはいられません。

これもどこにでもある金属パネルを用いて、どこにもない壁面をつくりだしており、しかも地元メーカーの技術と地元設計事務所によるという点でブリコラージュの王道を行っています。

ブリコラージュは単なる寄せ集めとは違います。手に入れやすいものを活用し、機転を効かしてよいモノをつくる。倉庫とはこういうものという既成概念にとらわれず、あるものを活かしながら考え、つくりあげていく。これは永く活用される建築を生み出す秘訣の一つかもしれません。

38 松木運輸

八代市新港町

設計は上村設計工房。2008年11月竣工。2009年、第14回くまもとアートポリス推進賞を受賞。

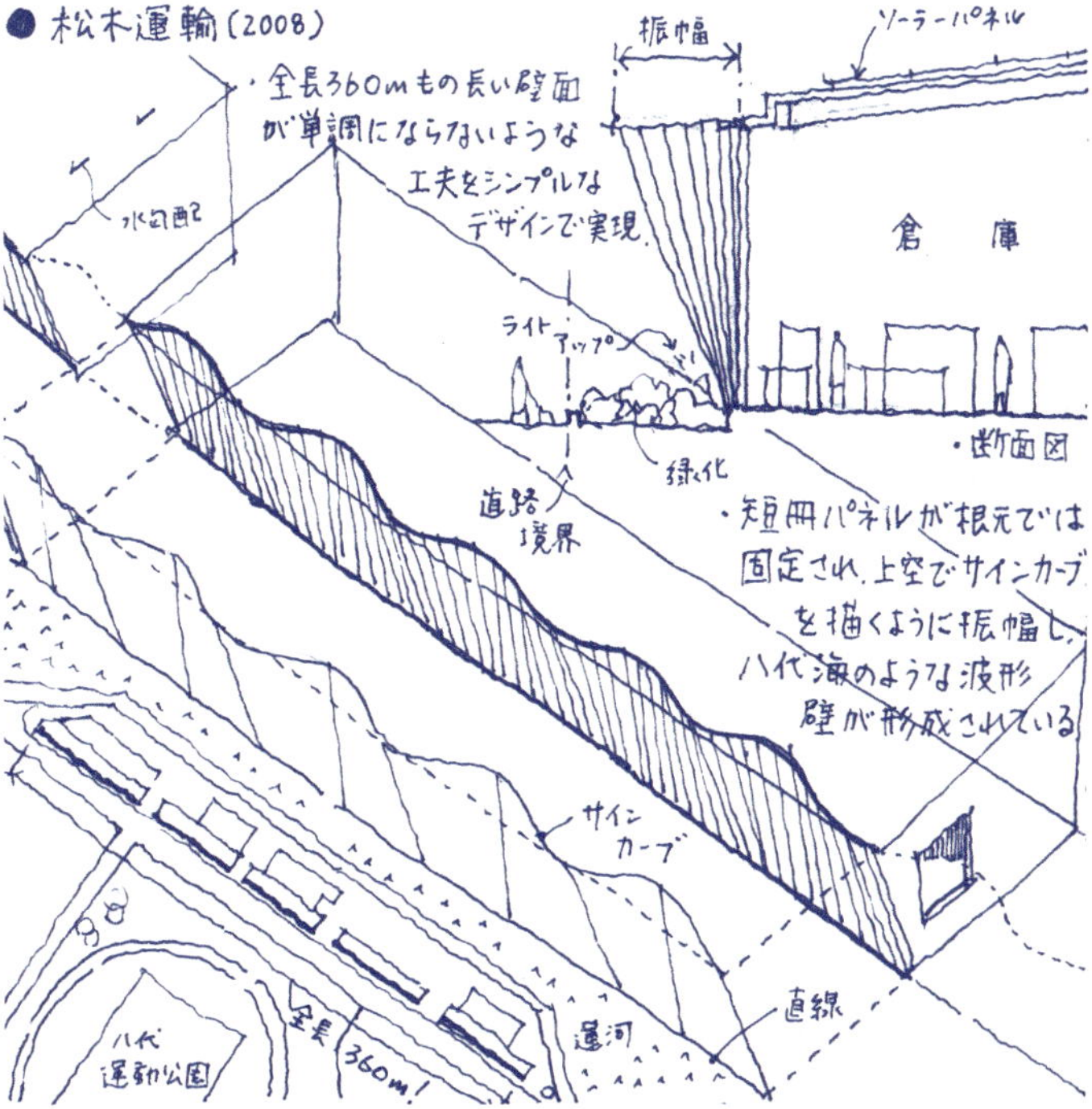

ドーム形状の屋根など、もともと金属板を用いて曲面屋根を葺く技術が応用された壁面。

おおう

建物と緑化のバランス

39 川の家
40 水前寺江津湖公園管理棟

Keywords
・壁面緑化・屋上緑化
・幾何学×有機皮膜

都市が「天空の城ラピュタ」のようになるにはどうしたらよいでしょうか。

日本の大都市では、この100年で平均気温が約3度上昇したともいわれています。また二酸化炭素は2020年には20世紀末の2倍になるそうです。それを改善する方法はいろいろ考えられますが、一つは都市の緑化。具体的には空地の緑化と屋上緑化、そして壁面緑化です。

もし仮に空地と屋上が緑化されれば、空から見て地表面が全て緑化されたことになり、もともとの地球の〝緑量〟に戻すことができます。また建物の壁面は屋上と比較し約5倍以上もの表面積を持ち、東京のような高層化が著しい都市では約24倍にも達するとのこと。つまり壁面緑化はすればするほど、もともとあった緑にボーナスを加えることになるのです。

しかし都市緑化はなかなか進行していないのが現状です。公共建築や大規模建築での緑化は増加傾向ですが、まだまだ焼け石に水。都市の大部分を占めているのは一般住宅や商店などの小中規模建築です。「ラピュタ」に近づくために、小建築と緑化のよい関係からその方法を学びましょう。

まず熊本市は坪井川沿いの「川の家」へ。本書では住宅初登場です。鉄筋コンクリート造4階建て、小さなビルのような箱が川の流れに沿うように配置されています。ただ、ビルと違うところは1階がほとんどピロティであること、積み木のようにバルコニーや屋上階段室などが張り付いていること、そしてなんといっても全ての壁面が植物で覆われていることでしょう。

時折このような緑のカタマリに遭遇しますが、その巨大なマリモのような異物感に〝引く〟ことが多々あります。しかしこの建築からは不思議とそのような斥《せき》力を感じません。

39 川の家
熊本市中央区

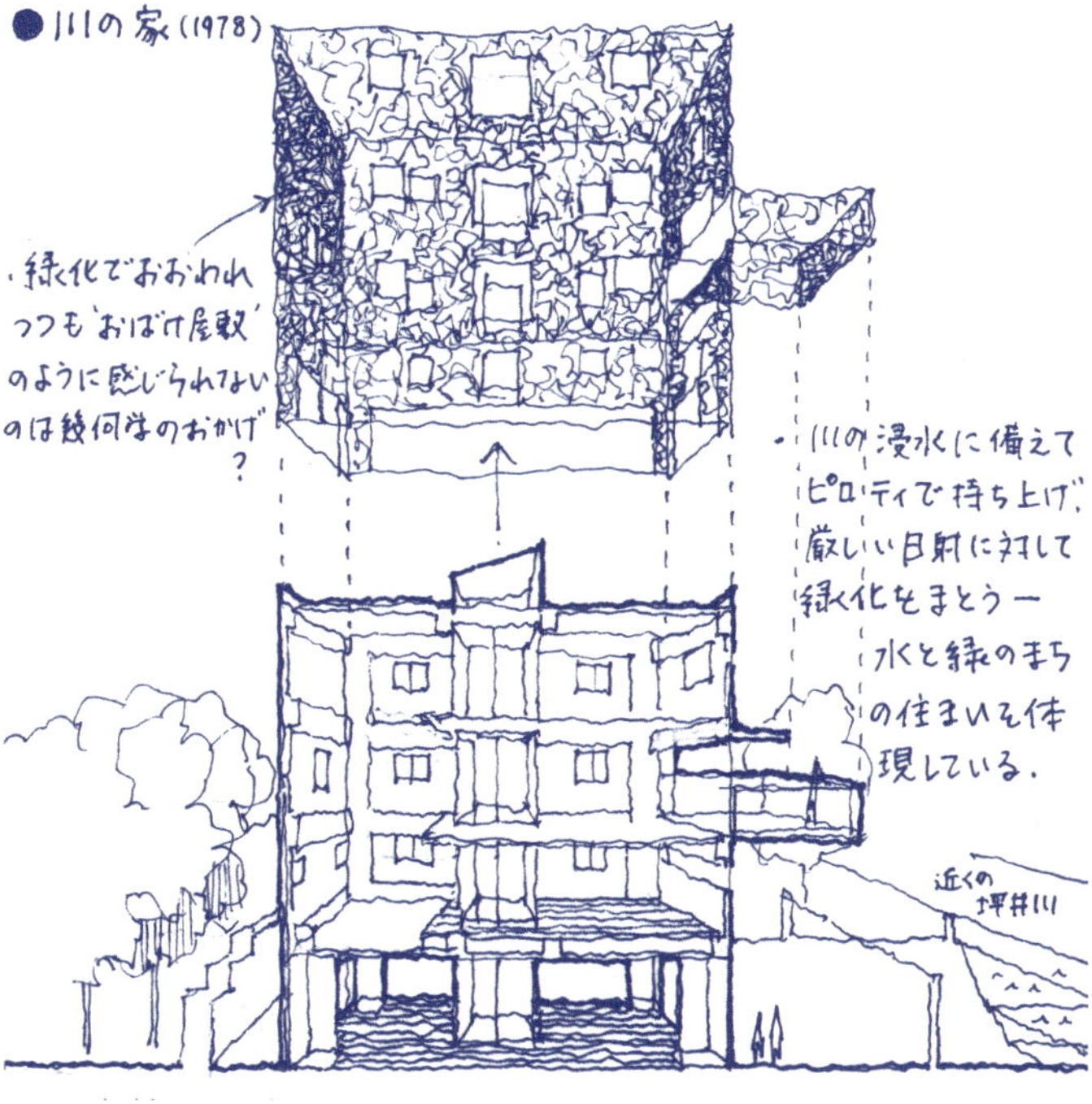
●川の家（1978）
・緑化でおおわれつつも'おばけ屋敷'のように感じられないのは幾何学のおかげ？
・川の浸水に備えてピロティで持ち上げ、厳しい日射に対して緑化をまとう—水と緑のまちの住まいを体現している。
近くの坪井川

1978年竣工。設計は緒方理一郎［緒方理一郎建築研究所］であり、氏の自邸。

坪井川の氾濫に備えて1階をピロティに。水と緑をテーマにした、まさに熊本ならではの住宅建築。

おそらくそれは、ほぼ正方形である立面や、三角形や直方体などの付加物によるバランスのとれた幾何学構成と、植物の有機的な皮膜がほどよく調和していることが要因と考えられます。

つづいて「水前寺江津湖公園管理棟」へ。散策や野鳥観察の場として親しまれている江津湖畔で、大きく伸びやかな円弧状の緑屋根が印象的。平屋である管理棟を園路が〝貫通〟しており、二分された平面の一方に管理室、公園を一望できる湖側に休憩スペースという明快な構成を持っています。

まるで地面が切り取られて浮上し、その間に空間ができたような建築ですが、注目すべきはその緑化屋根の軽快さと全体の透明性。しかもそれを木造で実現しているのです。通常、緑化された屋根は、必要土壌量と保水性から厚く重いものとなり、それを支える下部構造もゴツくなります。しかしこの建物では耐乾性を持つセダムという植物により屋根面を薄く軽量化。それに伴い屋根の下は大開口を持つオープンな空間に。

これも「川の家」と同様の構成を持ちます。四角い軸組にしなやかな円弧屋根を載せた幾何学的構成と、多彩な表情を持つ有機的な植物が融合しています。それによりキリッとした表情とやさしい雰囲気を両立しているのです。

都市のラピュタ化をめざして、ただやみくもに緑化するのは考えものです。無計画な緑の乱立は景観の混乱を招くでしょう。

そこで緑化を支える建築のかたちと、建築を覆う緑のかたちをバランスよくつくることが大切になります。川の家に見られる垂直面緑化と江津湖公園管理棟の水平面緑化に見られるような、幾何学×有機皮膜という取り合わせは参考にすべき流儀の一つでしょう。

40 水前寺江津湖公園管理棟

熊本市東区広木町

1999年竣工。

設計は牛田英作＋キャサリン・フィンドレイ［ウシダ・フィンドレイ・パートナーシップ］。

豊かな湧水を湛えた江津湖畔に立地している。

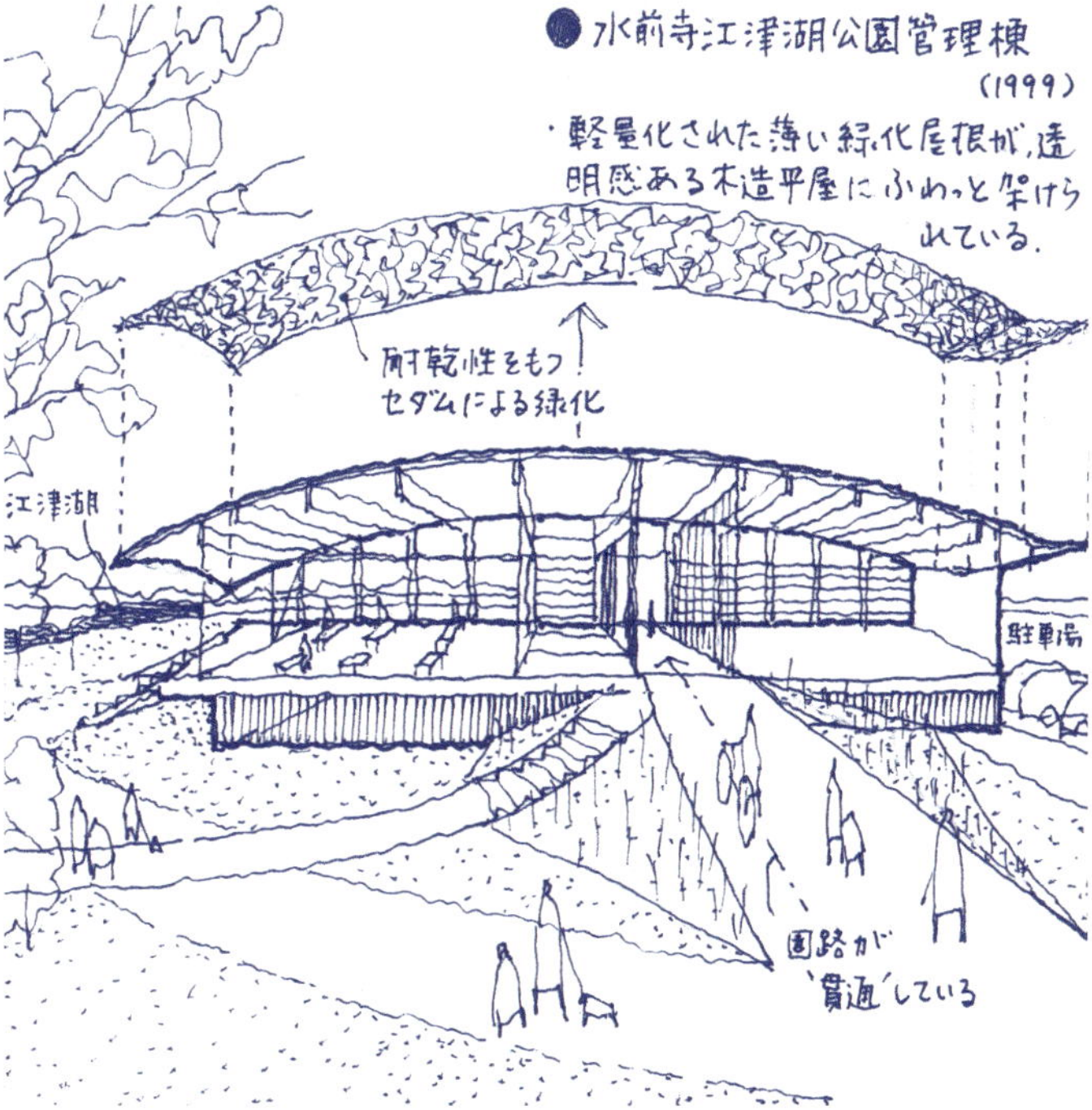

木製格子によるシェル構造と呼ばれる3次曲面の屋根が、湖畔のゆるやかな地形と呼応している。

つむ

Tsumu

極太素材の機能性と迫力

Architecture

41 ストローベイルハウス
「すすきの家」

42 球泉洞休暇村バンガロー
「final wooden house」

Keywords

・ストローベイル
・35センチ角のスギ材

住宅やマンションの「間取り図」を思い浮かべてみます。部屋はたいてい黒い線で縁取られ、間取りの中に黒い点が打たれることもあります。

この線や点、言うまでもなく壁や柱を表しているのですが、この中身がどうなっているかをご存知ですか? 中にはいろんなモノが詰まっています。マンションであればコンクリートや断熱材、木材の下地組やクロスを張るボードなど。木造住宅であれば柱や筋交いも内包されています。

建築は長い時間をかけて、このさまざまなモノが詰まった線や点をできるだけ細く、かつ自由なものにしようとしてきました。大地を削ることから始まった建築の輪郭を、できるだけ薄く自由に——これにより広い空間や自由な間取りを獲得してきたのです。

ところがこの潮流に逆らうように、線や点が "極太" である建築が最近登場しています。一般的な太さがサインペン程だとすると、これらは極太ペン級。何のために太くしたのでしょうか。

まずは壁厚が最大で50センチもある南阿蘇村の「すすきの家」へ。これはブロック(ベイル)状に圧縮加工したススキを、木造軸組の間に積み上げた建築で「ストローベイルハウス」とも呼ばれています。阿蘇の豊富なススキの有効活用を目的とし、計14回のワークショップを経て完成したそうです。

重さが20キロもある縦横30センチ×60センチ、厚さ40センチのベイルを、高さ4メートル以上積み上げた壁は断熱効果と遮音効果が高く、冷暖房負荷を低減できます。

完成から6年以上経過した真冬のある日訪れてみると、外壁に被覆したリモナイトという阿蘇の黄土が剝がれ、ススキが一部露出していました。少々痛々しい姿。しかし内部には実に暖かく静かな空間が。最

41 ストローベイルハウス「すすきの家」

阿蘇郡南阿蘇村白水一関

2006年10月完成。

NPO法人「九州バイオマスフォーラム」が村有地を借り受け、NPO法人「カルチャーネットワーク九州」に作業を委託し建設。

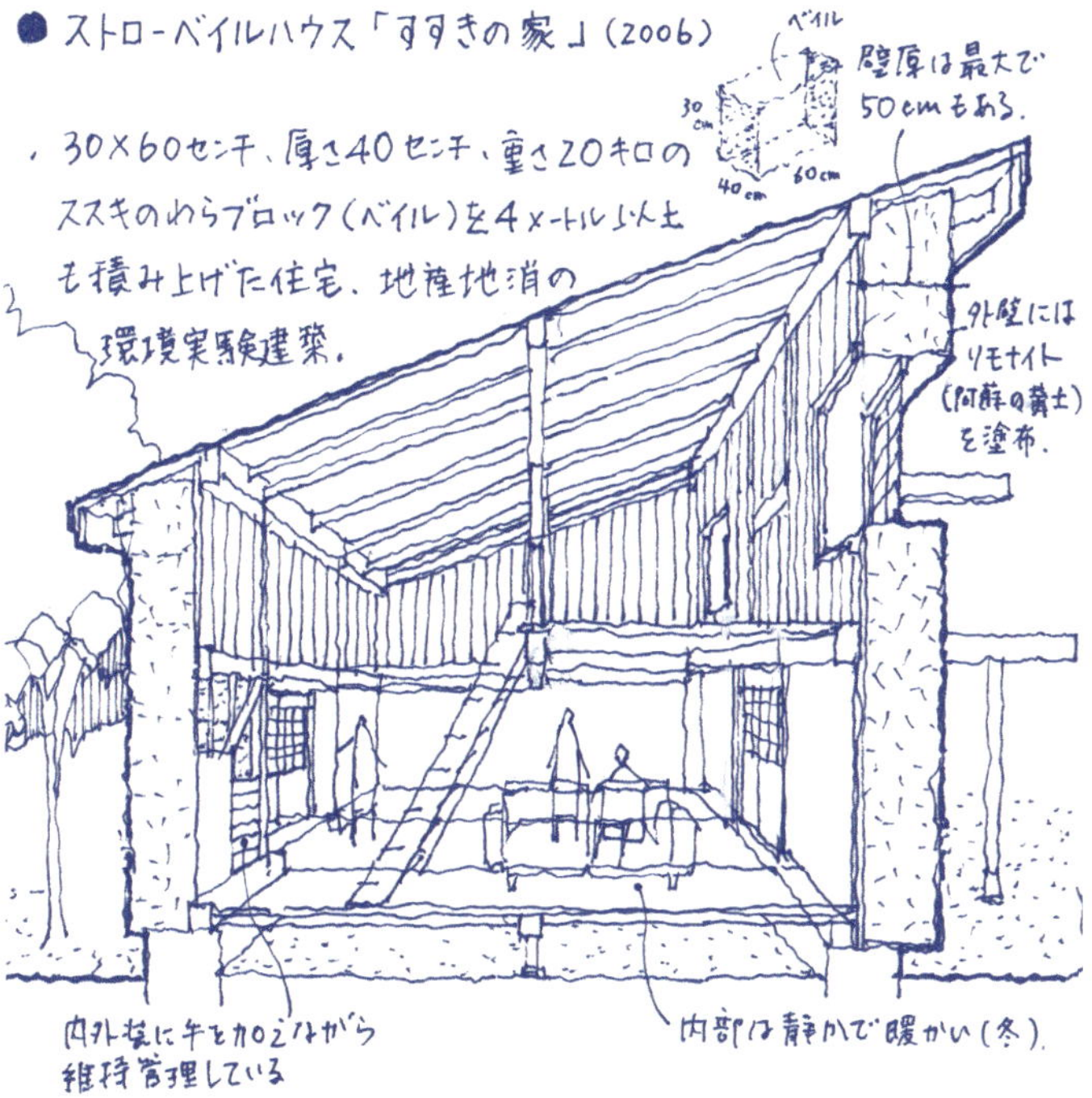
● ストローベイルハウス「すすきの家」(2006)
ベイル
30cm
40cm
60cm
壁厚は最大で50cmもある。
・30×60センチ、厚さ40センチ、重さ20キロのススキのわらブロック(ベイル)を4メートル以上も積み上げた住宅、地産地消の環境実験建築。
外壁にはリモナイト(阿蘇の黄土)を塗布。
内外装に手を加えながら維持管理している
内部は静かで暖かい(冬)。

壁の仕上げが剥離し、ススキが一部露出している。
管理人の小野木さんによると庇の出が少ないことと、もしかして猿の仕業も?

近管理人となったNPOスタッフの小野木さんによると「内外装に手を加えながら、維持管理していく」とのこと。エコな実験建築は、その人生の第二幕を迎えています。

つぎは球泉洞《きゅうせんどう》休暇村バンガロー「final wooden house」へ。和訳すると〝究極の木造住宅〟。何が究極なのか気になりつつも、まずは外観から。35センチ角という大断面スギ材が互い違いに約4メートル積み上げられ、そのキューブから幾多の部材が引き抜かれたような姿をしています。そうそれはまるで巨大な「ジェンガ」。

内部では蟻の巣のような大小の空洞がらせん状に連続し、35センチの段差が階段や、机・椅子にもなりそうです。ガラス窓や照明など最低限の設備を除けば、ここには極太の無垢材しかありません。しかもそれがゴロゴロと横たわっているだけの建築。間取図……もはや線とか点のレベルを超えています。

木材は一つの建築の中で大から小まで〝分化〟し、それぞれ構造、仕上げ、建具などの役割を担っています。そんな万能材料である木材の究極の使い方、つまり〝未分化〟のまま用いることで新しい空間ができないか、というのが建築家の考え。なるほど、役割が決められていない原木の地形の中で思い思いの行動ができ、何か新たな自由を感じることができます。

二つの〝極太〟建築は、それぞれ目的や効果に違いこそあれども、現代の建築が失いつつあるものを共通して持っているような気がします。それは素材の持つ本質的な姿。普段新建材や工業製品に囲まれているせいか、ストローベイルの量塊や無垢の大木が醸し出す迫力に、ハッとさせられます。

42
球泉洞休暇村バンガロー
「final wooden house」

葦北郡芦北町大字告葛の平

2008年7月竣工。設計は藤本壮介［藤本壮介建築設計事務所］。くまもとアートポリスのコンペにより2005年に選ばれた。

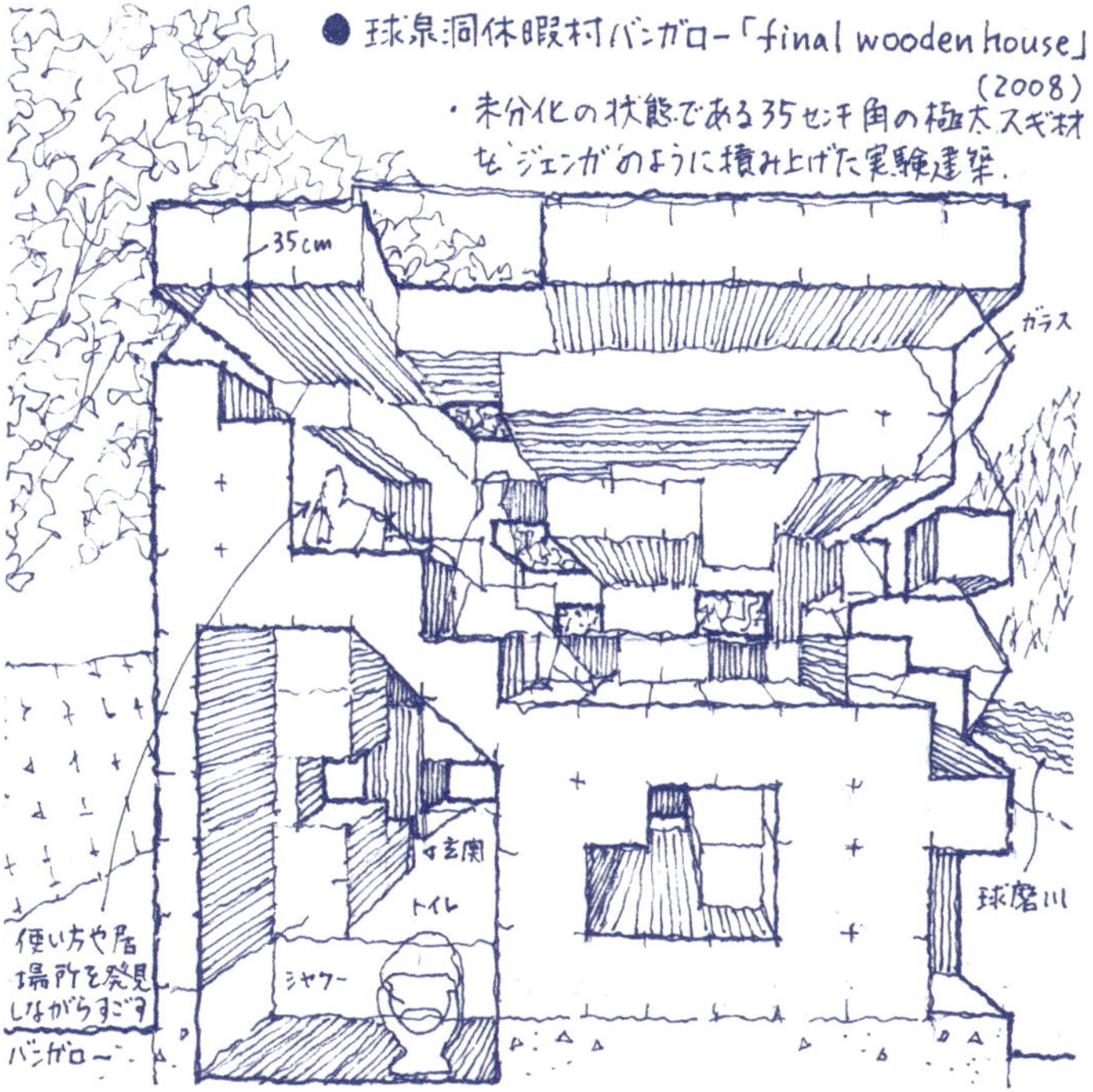
● 球泉洞休暇村バンガロー「final wooden house」
(2008)
・未分化の状態である35センチ角の極太スギ材をジェンガのように積み上げた実験建築。
35cm
ガラス
玄関
トイレ
シャワー
球磨川
使い方や居場所を発見しながらすごす
バンガロー

建築面積は9畳ほどであるが、中は意外に広く感じる。
ひだ状にデコボコしていることで表面積が多いことがその原因か。

りんと

格別の〝不ぞろいさ〟が必要に

43 リデル、ライト両女史記念館
44 新八代駅前モニュメント「きらり」

Keywords

・窓の配列と立面構成
・ガラス繊維補強コンクリート

平たい顔族。日本人がそう呼ばれている人気の漫画作品がありましたが、彫りが浅いのはヒトの顔だけでなく、建築の「顔」も平たいと思いませんか。

もちろん深い軒を持ち、十分な縁側を配した伝統的な民家など、彫りの深い表情を持った建築もたくさんあります。しかし都市部の限られた敷地の中で、できるだけ空間を確保したい場合は、どうしても顔が平たくなってしまう。間口の長さに応じて税金が課せられた町家などは、その最たるものでしょう。だからといって町家やそれが連なる街並みは、無表情で退屈なものでしょうか？　いやそれどころかむしろ変化に富んでおり、豊かささえ感じます。

変化の幅が小さいなかで、凛とした表情や生き生きとした活力を生む「作法」。それがあれば現代の、そしてこれからの街も豊かになるはずです。

そのメカニズムを町家に学ぶこともできますが、未来の建築に応用することを考え、近現代建築にその好例をさがしてみます。

まず熊本市は立田山の裾野に位置する「リデル、ライト両女史記念館」。ジェーンズ邸や長崎のグラバー邸のような、周囲にベランダやバルコニーを配した彫りの深いコロニアル様式とは違い、さっぱりとした白い箱にもかかわらず、静謐な佇まいとキリッとした表情が印象的。

そのカギはいくつかの長い庇と窓の配列にありそうです。軒やポーチも含め長短6本の水平庇と、出入り口を含め大小九つの窓が、プロポーションのよい画面の中で水平にたなびいています。それはまるで「洛中洛外図」の雲のよう。一つひとつの雲は個性的で、特に2階の水平格子窓と手摺のコンビネーションは絶

43 リデル、ライト両女史記念館

熊本市中央区黒髪

1919年竣工、1935年増築。設計は中條精一郎。
2008年、国の登録有形文化財として登録。

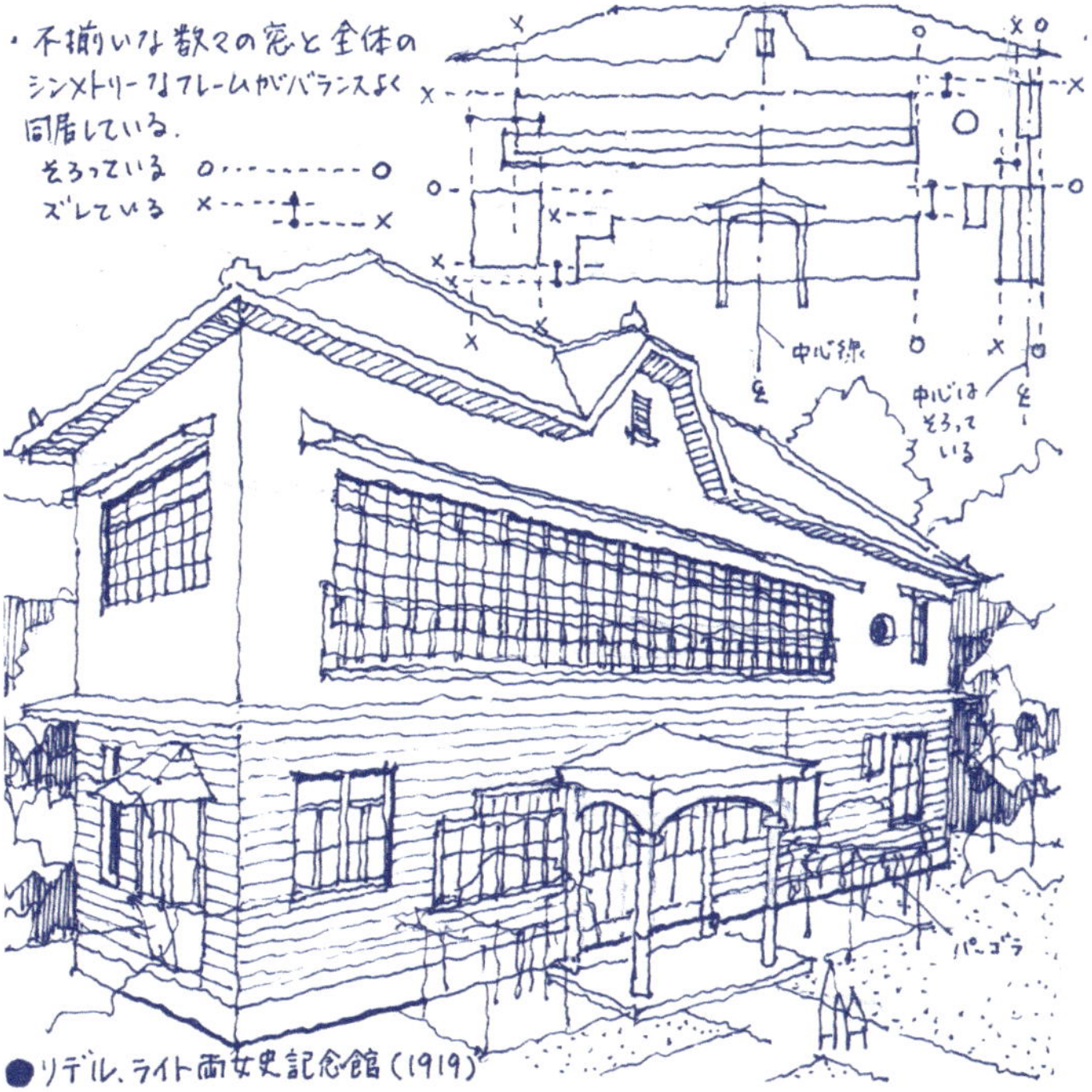
・不揃いな数々の窓と全体のシンメトリーなフレームがバランスよく同居している。
そろっている
ズレている
中心線
中心はそろっている
パーゴラ
●リデル、ライト両女史記念館(1919)

設計者の中條精一郎といえば「慶応義塾大学図書館」が有名。
その瀟洒《しょうしゃ》な作風はこの小建築にもあらわれている。

妙です。

この流れる〝雲〟たちを、全体のシンメトリーなフレームと、正面性を強調する鳩小屋やポーチがまとめています。

奥行きの浅い「顔」の中で、動的な要素と静的なフレームがバランスよく構成されている――そんな建築の現代版を新八代駅前にて発見。

「新八代駅前モニュメント『きらり』」は、その名の通り駅前広場のための小さなモニュメントですが、内部空間を持つ東屋のようでもあります。田園の中の民家をイメージしたという家型に、無数の四角い穴がシャープに穿たれ、かわいさと凛々しさが共存する印象。

軒も庇もないツルッとした壁なのでこれも「平たい」系ですが、見ていて飽きないのは何故でしょうか。それは大小の穴が、前後の〝奥行き〟を感じさせるからかもしれません。大きい穴は手前に、小さな穴は遠くに見え、それは宇宙の星々を眺めている感覚にも似ている。また穴越しに見え隠れする向こうの穴や風景が手前に迫ってきたり……。じっと見ていると奥行きが前後し、不思議な感覚に陥ります。

このまたたく〝星〟たちを、わずか70ミリ厚のコンクリート壁による、シンプルな家型フレームがまとめています。

「リデル」の窓が不ぞろいであるのは、もともとのデザインではなく、2階を住宅として増築したことによる必然的なものでした。また「きらり」の窓がスッキリと風景を切り取るためには、壁の薄さが不可欠であり、それはガラス繊維補強コンクリートという新技術が支えています。

平たい顔を豊かにするためには、ただやみくもに不ぞろいな窓を並べて全体でまとまりをつくればよいというのでなく、必然性や技術に支えられた、格別の〝不ぞろいさ〟が必要なのかもしれません。

44 新八代駅前モニュメント「きらり」

八代市上日置町

2004年2月完成。設計は乾久美子［乾久美子建築設計事務所］。特殊なコンクリートでつくられており、通常の鉄筋コンクリートに比べて極端に薄い。

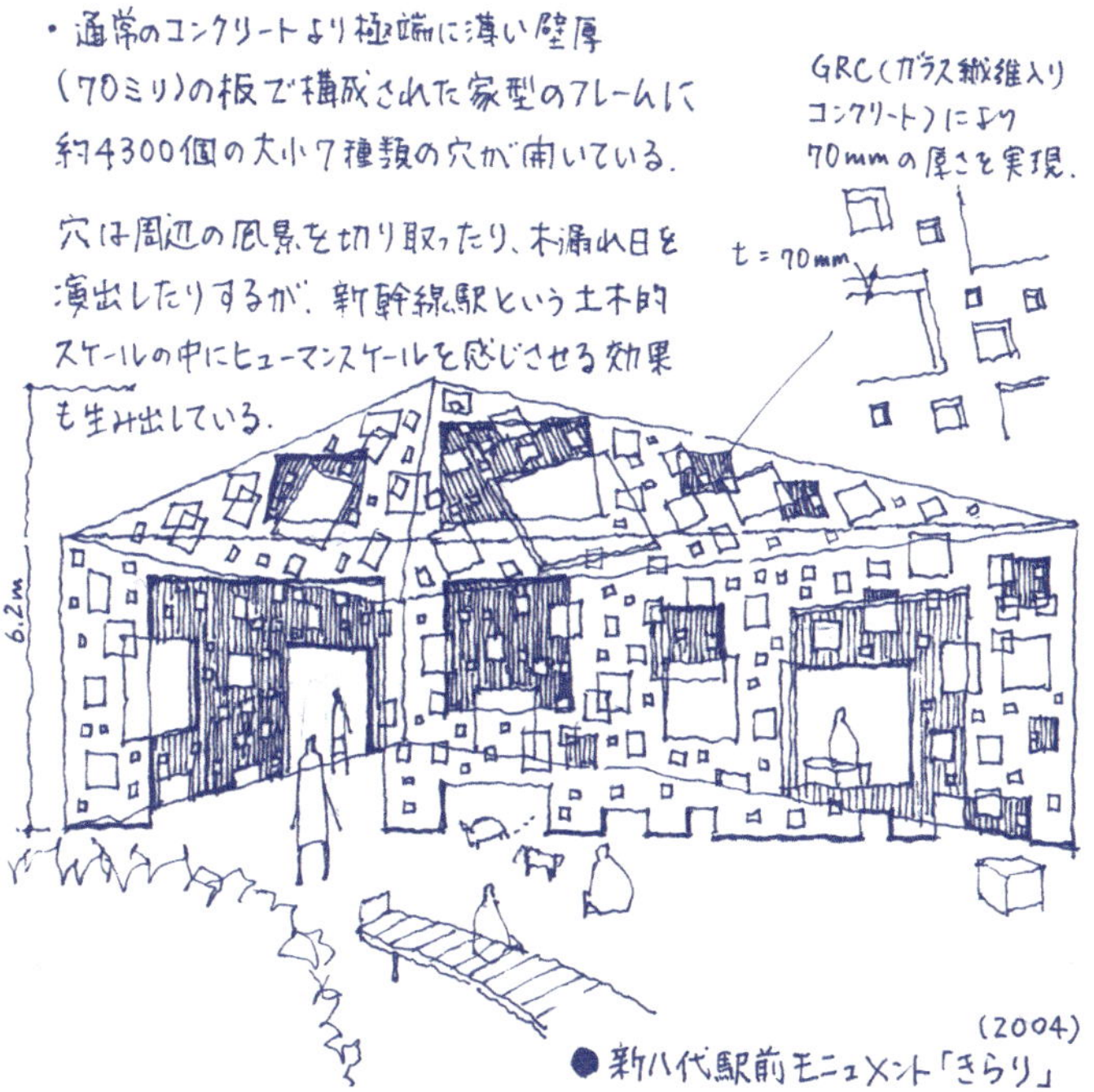
・通常のコンクリートより極端に薄い壁厚
（70ミリ）の板で構成された家型のフレームに
約4300個の大小7種類の穴が開いている。
穴は周辺の風景を切り取ったり、木漏れ日を
演出したりするが、新幹線駅という土木的
スケールの中にヒューマンスケールを感じさせる効果
も生み出している。
GRC（ガラス繊維入り
コンクリート）により
70mmの厚さを実現。
t＝70mm
6.2m
(2004)
●新八代駅前モニュメント「きらり」

内部では大小さまざまな四角い穴の効果により、木漏れ日のような光環境をたのしむことができる。

かなう

ハードル乗り越え夢を実現

Architecture

45 旧熊本高等工業学校機械実験工場［現熊本大学工学部研究資料館］

46 球泉洞休暇村バンガロー「Wooden Lace」

Keywords

・開放的なレンガ造
・軽やかな木造

軽やかな衣服のような家、ツリーハウスの如く背の高い木造校舎、森に溶け込むガラスの図書館……。建築の世界では、こんな建物ができたらという数多くの夢があります。

しかしその夢を叶えようとしたとき、乗り越えなければならない〝壁〟が立ちはだかります。木造であれば背の高い建物は無理だとか、鉄筋コンクリートの壁式構造であれば高層は難しいだとか、石やレンガの組積造であれば大きな窓は設けにくいなどなど。

これらの〝壁〟は技術面だけでなく、防災や安全性も含めた複合的なハードルであり、なかなか簡単にはクリアできないものです。しかし木造3階建ての校舎をつくろうと、実物大の校舎を燃やして安全性を調べた実験が近年話題となったように、夢の実現に向かってさまざまな試みが行われています。

熊本大学内にある「旧熊本高等工業学校機械実験工場」も、かつてそんな夢の実現をめざした建築の一つです。ここでの夢はレンガ造にもかかわらず明るく開放的な工場。

赤レンガ建築といえば、建築史家・藤森照信が行司をつとめる「日本赤煉瓦建築番付」によると「東京駅」［設計：辰野金吾］と「京都国立博物館」［設計：片山東熊］が東西横綱。われらが「五高記念館」［設計：山口半六＋久留正道］も堂々西の大関に番付されています。レンガの積み方はそれぞれ小口積み、イギリス積み、オランダ積みなどいろいろありますが、共通するのは窓が小さいこと。壁が構造体なので、できるだけ窓を小さくしたい。

一方、この工場ではレンガの壁に「控壁《ひかえかべ》」と呼ばれるリブ状の細い壁を当て、上から見るとT字状の壁を形成。それを密に配し梁でつなぐことで箱をつくっていきます。壁に窓を開けるのではなく、柱と梁で窓を

45 旧熊本高等工業学校機械実験工場

［現熊本大学工学部研究資料館］

熊本市中央区黒髪

1908年竣工。設計は太田治郎吉［文部省建築課熊本出張所］ほか。1994年国指定重要文化財。2016年の熊本地震により甚大な被害を受けた。

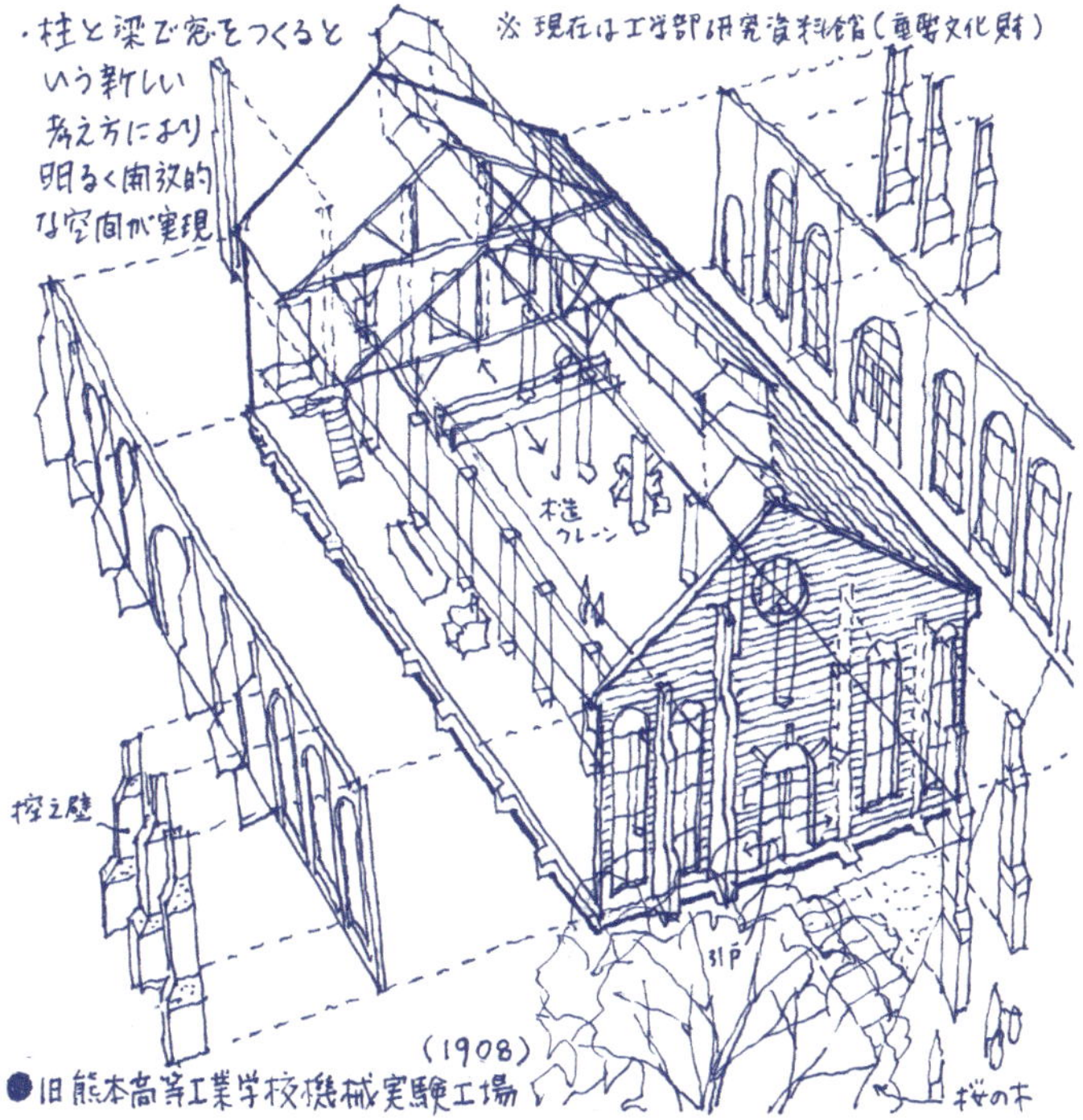

窓間にある柱状リブの連続が、レンガ造では有り得ないほどの大きな窓をつくりだしている。
屋根は木造トラスによる小屋組。

つくるという考え方により木造のような大開口が可能となり、明るく開放的な空間が実現したのです。

球泉洞休暇村バンガロー「final wooden house」［０９５頁］も木造の可能性を追求した小建築ですが、その隣にある「Wooden Lace」も実験建築です。前者が極太材をジェンガ状に積むことで木の本質に迫ったのに対し、後者は極細の木片をまるでレースを編むように組み上げ、衣服のように軽やかな家型をつくりあげました。

基本的に木造では柱や梁などの〝骨〟に、壁や窓などの〝皮〟がとりつくといった主従関係がありますが、衣服にはそれがありません。縦糸と横糸が編まれることで全体ができ、自由な形ができあがっています。

衣服のように繊維だけで木造建築ができないか――。その夢実現のため、この小建築ではさまざまな〝壁〟に立ち向かいました。最大の壁はレースのすきまをどう埋めるかと、細い木材をどう保護するかという問題です。

これらの問題をまとめてクリアした、あるシンプルな方法が面白い。それはＦＲＰという繊維強化プラスチックのクリア塗装で建築まるごとコーティングする方法。１枚の薄い膜が木部では木の保護材となり、すきま部分では半透明の〝窓〟に。この工夫により、透かし細工のような建築が具現化したのです。

これらの夢には続きがあります。レンガ造で培われた技術は、その後現代の鉄筋コンクリートや鉄骨造に引き継がれ、高層建築や大空間建築へと発展しました。

また昨今の新木造への追求は木材振興を活性化し、森林保護や二酸化炭素削減につながるでしょう。それらは単なる建築のための夢ではなく、社会の発展や地球環境保全につながる大きな夢なのです。

46
球泉洞休暇村バンガロー「Wooden Lace」
葦北郡芦北町大字告葛の平

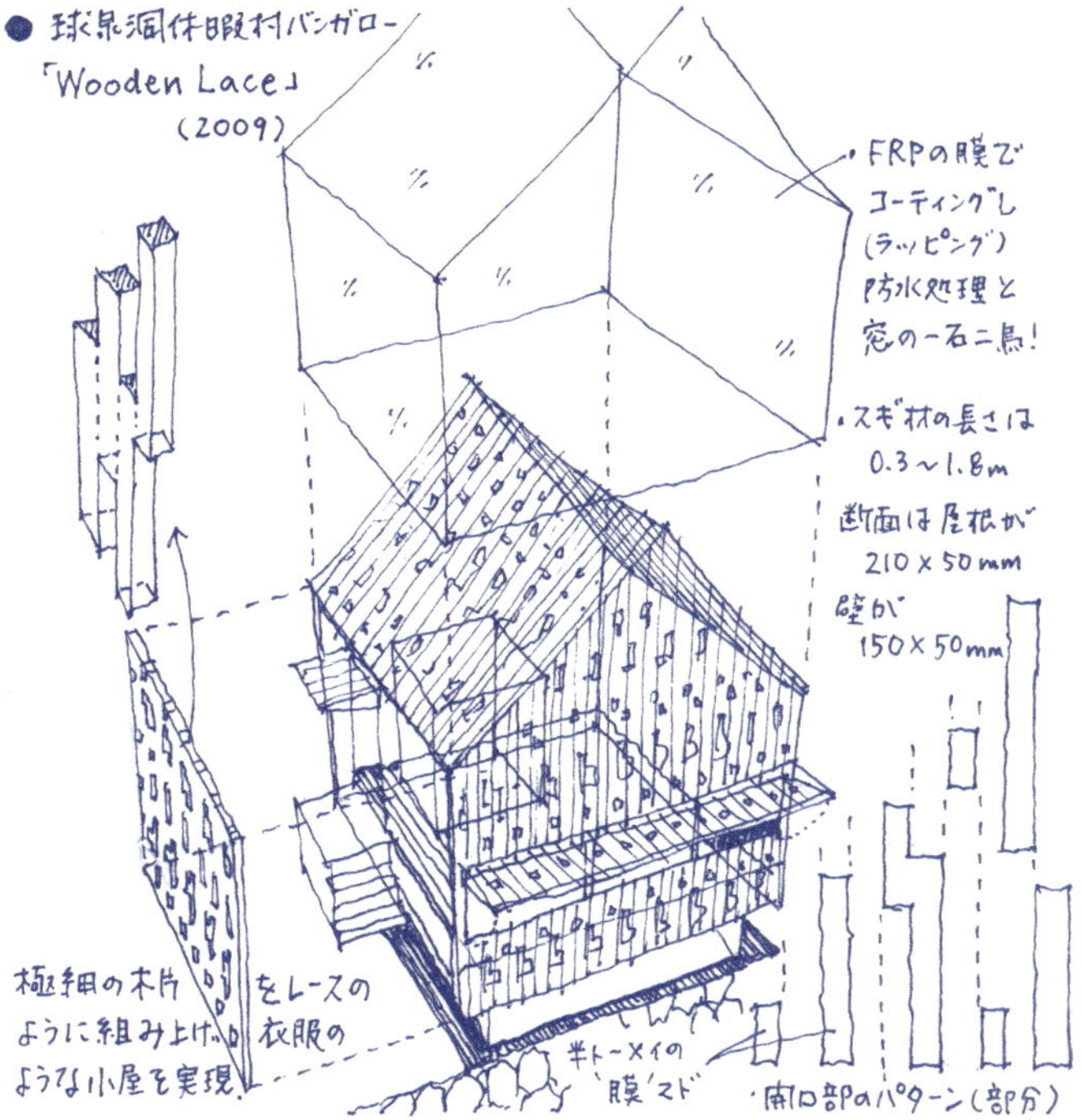

2009年5月竣工。設計は渡瀬正記＋永吉歩［設計室］。くまもとアートポリスのコンペにより2007年に応募総数556点の中から選ばれた。

幅50ミリの地元産スギ材をランダムに組んだシンプルな家型のバンガロー。夜間はFRPを通して光が外に漏れる。

おりあう

部分の集合が全体を構成

Architecture
47 旧細川刑部邸
48 熊本県伝統工芸館

Keywords
・コラーゲン（細胞の足場）
・部分の集積
・日本建築の空間構成

「カラダの中からキレイに」とか、「美と健康をサポート」など、美容系食品の広告で最近よく目にするコラーゲン。ぷるぷる状のゼラチン質といったイメージしかありませんが、一体どのようなモノなのでしょうか。

コラーゲンとは皮膚、血管、腱、骨などを構成する繊維状のタンパク質で、ヒトでは全タンパク質の約30%を占めるといわれています。その役割は、細胞同士をくっつける〝糊〟であると同時に、細胞を正しい位置に整列させる〝仕切り〟でもあるとのこと。要するに私たちの体が形を保っていられるのは、コラーゲンというフレームのおかげと言っても過言ではないそうです。

「細胞の足場」とも言われるこのフレームに支えられ、場所によって臓器、筋肉、骨というように、細胞はさまざまな部分を人体の各所で形成しているのです。

基盤となるフレームがあり、各所で組織された部分が集合し全体ができる――人体に見られるこのような仕組みを、実は伝統的な日本建築でも見ることができます。

熊本での日本建築といえば、建坪が約３００坪もある武家屋敷の「旧細川刑部《ぎょうぶ》邸」。長屋門をくぐると大きな唐破風が印象的な玄関へと至り、御客間《おんきゃくま》から入側造《いりがわづく》り表御書院《おもておんしょいん》、銀之間を持つ春松閣へと続きます。そして別棟の茶室や御宝蔵《ごほうぞう》、まだまだ続く土間の台所……、今自分がどこにいるのかよくわからなくなるほどの大きさです。

しかし屋敷をめぐる間に現れる数々の空間や設えは、当然ですが適当につくられたわけではなく、それぞれに意図があります。書院における床の間や床脇、客人を湯茶でもてなした円窓ノ御間《えんそうのおんま》などの多彩な要素は、使い勝手だけでなく、光や庭との関係においても熟慮され、柱と梁による軸組フレームの中で

47

旧細川刑部邸

熊本市中央区古京町

初代熊本藩主細川忠利の弟・細川興孝が刑部家を興した後、1678年に子飼（現熊本市中央区東子飼町）に建てた屋敷。1993年、現在地に移築。熊本県指定有形文化財。2016年の熊本地震により甚大な被害を受けた。

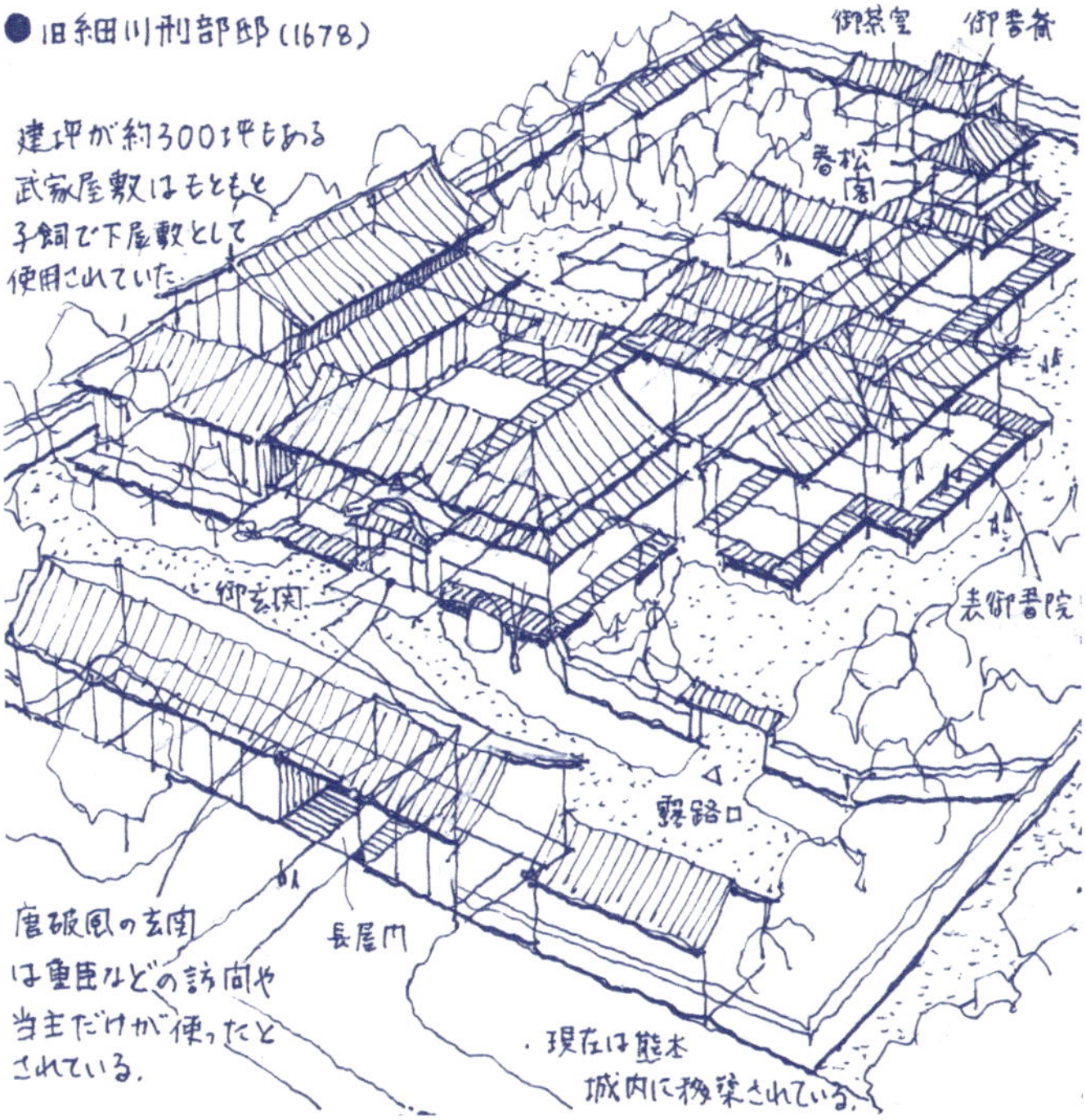
●旧細川刑部邸（1678）
御茶室
御書斎
春松閣
建坪が約300坪もある
武家屋敷はもともと
子飼で下屋敷として
使用されていた。
御玄関
表御書院
露路口
唐破風の玄関
は重臣などの訪問や
当主だけが使ったと
されている。
長屋門
・現在は熊本
城内に移築されている。

柱や梁といったフレームの中に、床の間や欄間、障子など多彩な要素が“嵌め込まれ”、
機能や環境との折り合いをつけている。

最適な位置に嵌め込まれているのです。

その日本建築の進化形を求め、熊本城の北側で落ち着いた佇まいを見せる「熊本県伝統工芸館」へ。

一見、大きな窓が深く彫り込まれた量感のある外観からは、分厚い壁で仕切られた部屋の集合を想像します。しかしギュッと絞られた風除室を経て内部に入ると、そこには多くの柱で構成された開放的な空間が。柱間には旧細川刑部邸のように、いろいろな要素や景観が嵌め込まれているではないですか。

1階東側は全面ガラス張りで、柱間が緑の光景で充填。かつては坪井川からの搬入路であった北東下がりの傾斜地には背の高いピロティが配置され、大きな半外部空間が。そして2階では自然光を取り入れながら展示ができる、床の間のような出窓が多数配置されています。

館内には、やはり一度に全体を見渡すことができる広場は存在せず、柱間の部分部分を連続的に体験しながら、何となく頭の中に全体像が描かれる、そんな日本建築のような場所が、現代建築の中で立体的に展開しています。

建築をつくることは、必要な機能や空間と外部環境との折り合いをつけながら、最適な境界をつくることであると換言することもできます。比較的内部を優先して強い輪郭をつくってきた西欧の建築に比べ、日本の建築は丁寧にその折り合いをつけ、部分部分の最適解を積み上げながら全体をつくりあげてきたのです。

そんな日本らしい建築を継承していくために、これからの建築にも、旧細川刑部邸や熊本県伝統工芸館のような〝コラーゲン〟を注入する必要があるのかもしれません。

48
熊本県伝統工芸館
熊本市中央区千葉城町

1982年3月竣工。設計は菊竹清訓「菊竹清訓建築設計事務所」。
熊本城の北側に隣接し、菊竹建築では珍しい打ち込みタイルが印象的な低層建築。

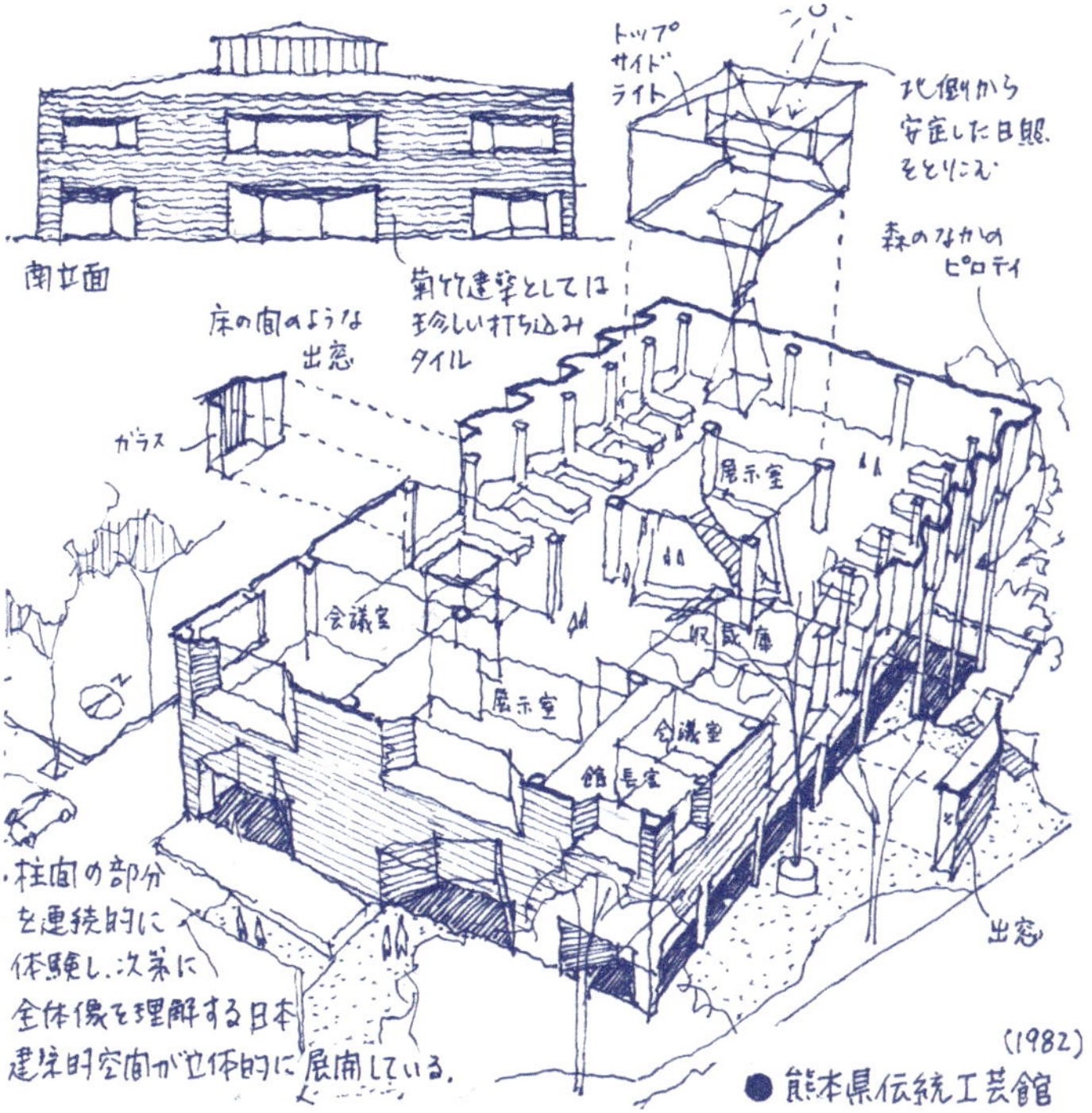

箱の中にさまざまな要素を“封じ込める”のが常であるが、
この建物ではフレームの中で出っ張ったり凹んだりした部分をそのままにしている。

もくもく

地域固有のイメージを持つかたち

Architecture
49 藤崎台県営野球場
50 切明ポケットパーク

Keywords
・地域性を持つかたち
・ケヴィン・リンチ『都市のイメージ』

都市には固有のイメージがあります。歴史ある街、歩きやすい街などさまざまですが、それらはどのようにして生まれるのでしょうか。

20世紀の都市計画家ケヴィン・リンチは著書『都市のイメージ』の中で、イメージを決める要素としてパス（道）、エッジ（縁）、ディストリクト（地域）、ノード（結節点）、ランドマーク（目印）の五つを挙げました。めざすべきは視覚的に把握できるわかりやすい都市。ランドマークやパスがたやすく見分けられ、全体を容易に理解できることが重要で、さらには要素の関係が都市の個性につながることを説きました。

それから半世紀以上が経過した現在、リンチの要素だけでは把握しきれないほど都市は複雑になりました。しかし、その一方でグーグルマップなどの情報技術とモバイル化が進行し、新しい都市の「見える化」が進化していることも事実です。

現代の都市空間では、リンチが挙げた要素よりも、むしろその要素間の〝すきま〟が大事となってくるのかもしれません。都市はわかりやすさから居心地のよさへ――わかりやすさは情報技術に任せ、都市空間は使いやすさや快適さに専念する時代となったのです。例えば道路と敷地の〝境界〟や拠点施設の〝周辺〟のような、どこにでもある場所のあり方が問われています。

さらに、そのすきま埋めるもののかたちが世界中同じではなく、その土地固有の地域性を持つことで、都市のイメージがより個性的なものになっていくでしょう。

わが街の〝地域性を持つかたち〟とはどのようなものでしょうか。「これはクマモトっぽい」と感じた建築や場所から考えてみることにします。

49

藤崎台県営野球場

熊本市中央区宮内

1960年の熊本国体開催に合わせて建設。
1996年SDA建築設計事務所の設計によりスタンドを改修。

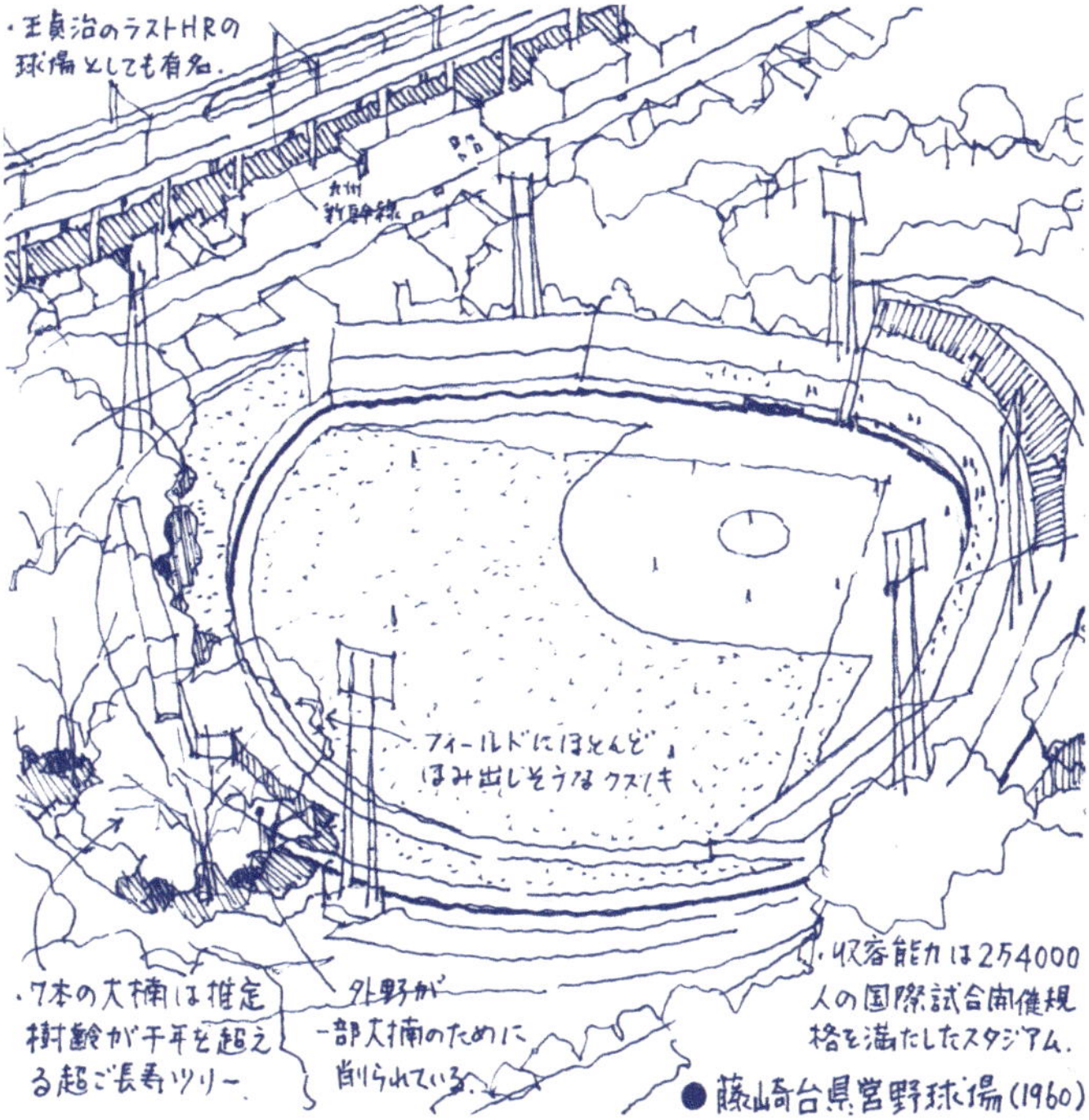
・王貞治のラストHRの
球場としても有名。
フィールドにほとんど
はみ出しそうなクスノキ
・7本の大楠は推定
樹齢が千年を超え
る超ご長寿ツリー
外野が
一部大楠のために
削られている。
・収容能力は2万4000
人の国際試合開催規
格を満たしたスタジアム。
●藤崎台県営野球場(1960)

グラウンドに張り出した枝にボールが当たった場合、高校野球では「本塁打にする」という特別ルールがあるという。

はじめて「藤崎台県営野球場」を見たとき、その特異な空間に驚愕したことをよく覚えています。外野中央を覆い尽くしているクスノキの数々。もくもくと湧き上がるその樹勢は、何と外野フェンスの手前まで伸びているではありませんか。こんな野球場は見たことがありません。

この7本の大楠は、西南の役（1877年）にて社殿が焼失するまでの約950年間、藤崎八幡宮の社叢《しゃそう》として鎮座していたもので、その後もこの地に残る、推定樹齢が千年を数える超ご長寿ツリーだということを後に知りました。

無骨で力強い枝張りと、隅々まで生命力みなぎる樹冠のシルエット。これぞ森の都クマモトのかたち。そして三塁側スタンドからは、このこんもりとした群生と金峰山をはじめとする山々が連なり、一大パノラマが空を大きく包み込んでいます。これぞクマモトの空間。

藤崎台で見たクマモトのかたちを、実はあまり人工的なデザインで感じたことは少ないのですが、菊池市で出合いました。それは中心市街地の入り口に位置する、小さな交差点の一角にできた「切明ポケットパーク」。まさにノードの周辺です。

小さな水路から引き込んだ水と温泉による浅い水盤が三つ設けられており、ゴツゴツとした塊が散在しています。それらは足湯用のベンチや屋根、小さなトイレなのですが、岩のようであり雲のようにも見え、なんとも周辺の空気になじんでいます。

無骨な支柱ともくもくしたシルエット、まさにクマモトのかたちなのです。クスノキが至る所ですくすくと成長しているように、リンチのいう要素間の〝すきま〟にこのようなデザインがもっと多く生育することで、クマモトの都市イメージは、より固有のものになっていくに違いありません。

50

切明ポケットパーク

菊池市隈府

2012年3月完成。設計は塩塚隆生［塩塚隆生アトリエ］。同時期に近隣の住宅地に完成した横町ポケットパークも氏による設計。

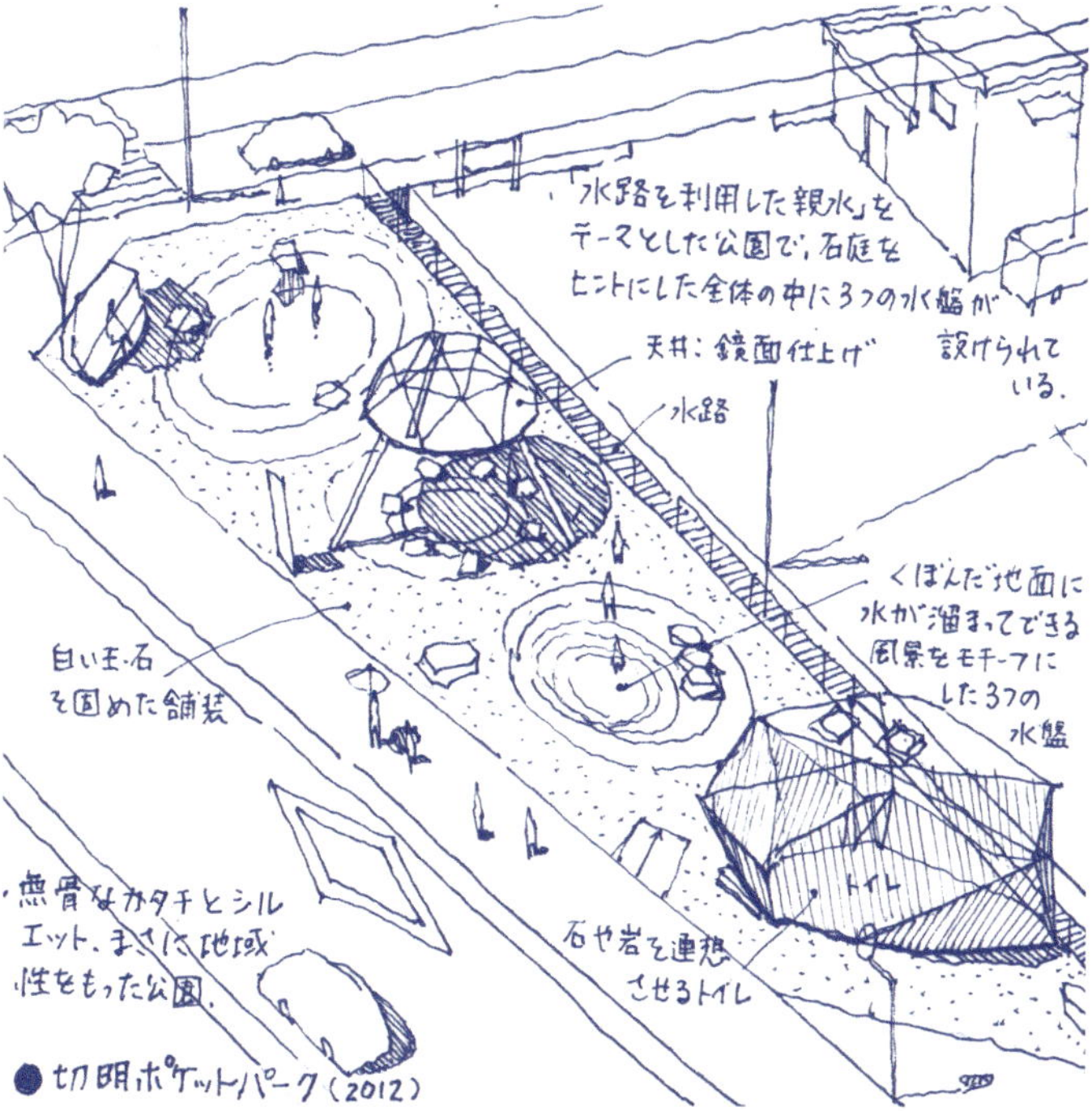

設計者によれば石や岩に見えるトイレやベンチを、人の動きを誘発するように配置したとのこと。

とりこむ

活力にじむ「都市の縁側」

51 河原町繊維問屋街
52 阿蘇くまもと空港 国内線ターミナルビル

Keywords

・トポロジー(位相幾何学)
・都市の縁側

口や鼻から始まり食道、胃、腸、そして肛門へと至る一筋の〝空間〟。一見からだの中として感じられるこのパイプ内の空間は、実は人体にとっての〝外部〟なのです。口から取り入れられたリンゴは咀嚼、消化され排泄物へと変化しますが、見方を変えるとからだの〝外部〟を通過しながら変化したと捉えることもできます。

複雑な形状をしている人体も、実は約5・5平方メートルの皮膚が折り畳まれてできた1本のパイプである——これはトポロジー(位相幾何学)という考え方によるモノの見方で、貫通する孔を持つ物体という意味ではドーナツも、コーヒーカップも同類というわけです。

人間とドーナツが同じ……、そんな軽いショックを覚えつつも、建築にもその仲間をさがしてみたいと思います。

学生の頃訪れたローマにて、一軒の小さな靴屋に出合いました。閉店後にもかかわらず、煌々《こうこう》とした店先の中に人々が吸い込まれていくではないですか。怪しいと思いつつ近づいてみると、実はそのショーウィンドウの中にループ状のトンネルが穿たれており、24時間ウィンドウショッピングができる通路が内包されていたのです。その光景に都市の奥深さを感じたものです。

熊本市にある「河原町繊維問屋街」を訪れたとき、久しぶりにその感覚が呼び起こされました。

東西約25メートル×南北約36メートルの範囲に収まる台形平面の中で、東西方向に5本、南北方向に2本の共用通路を持ち、その通路に面して間口約3・6メートルの店舗やギャラリーが軒を連ねています。

51 河原町繊維問屋街

熊本市中央区河原町

戦後の闇市から問屋街に成長。1958年の大火で街の大部分を焼失したが、同年国際繊維市場として建設。2016年に火災があり一部が消失した。

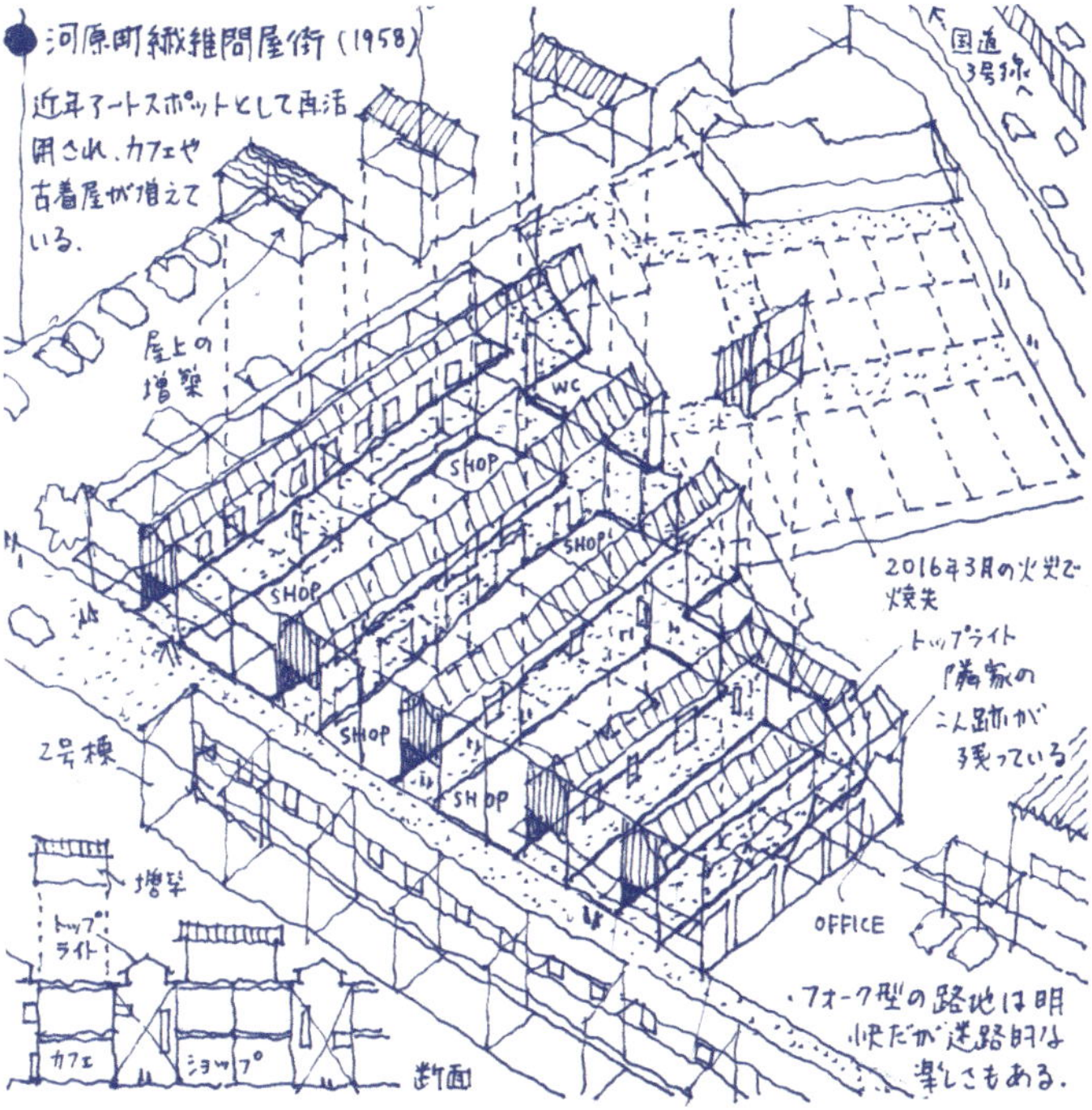

一見整然とした外観ではあるが、ゲートをくぐると入り組んだ路地空間が続いている。

その通路はフォークのような形でつながっているので、どの入り口から入ってもループ状に通り抜けできるようになっています。

入り口上部の透かし欄間をくぐり〝中に入った〟という感覚と、トップライトや看板が醸し出す〝外にいる〟という感覚の矛盾が、この通路が〝取り込まれた外部〟である印象を助長します。繊維問屋街という建築に入ったはずなのに、入り組んだ路地を彷徨っている感覚。

繊維問屋街が建築の中に都市の街路を〝取り込んだ〟のに対し、既存の建物に街路を〝付け加えた〟珍しいタイプもあります。

「阿蘇くまもと空港国内線ターミナルビル」は近年大規模改修を行い、南側への空間拡張や長さ１３０メートルにもおよぶ大屋根の整備などを実施しました。特に県産のスギやヒノキをふんだんに使用した大屋根の天井や、木材とガラスのカーテンウォールが付加されたことにより、以前の空港を思い出すことができないほど、外からの表情が一変しています。

ところが外壁の付加がもたらした新しいすきまでは意外な感覚が。新外壁面により空気としては内部なのに、視覚的には見覚えのある旧外壁の外なのです。ここでも〝取り込まれた外部〟が、河原町繊維問屋街とは異なるかたちで展開しています。

胃や腸のように〝取り込まれた外部〟による構造は、人体にとっては摂取する食物や水分のリスクから身を守るのに適しています。

建築にとってはどうでしょうか。そこは都市の延長のようにも感じられるし、建築空間の拡張のようにも感じることができる、日本家屋の縁側とはまた違ったかたちでの中性的な空間をつくりだしているのです。その「都市の縁側」とでもいうべき場所は、建築と都市の境界を曖昧にすると同時に、にぎわいや活力がにじみ出すさまざまな〝効用〟を持つと考えられます。

52

阿蘇くまもと空港国内線ターミナルビル

上益城郡益城町小谷

２０１０年８月から２０１２年８月にかけて大規模改修を実施。
改修設計は日建設計。

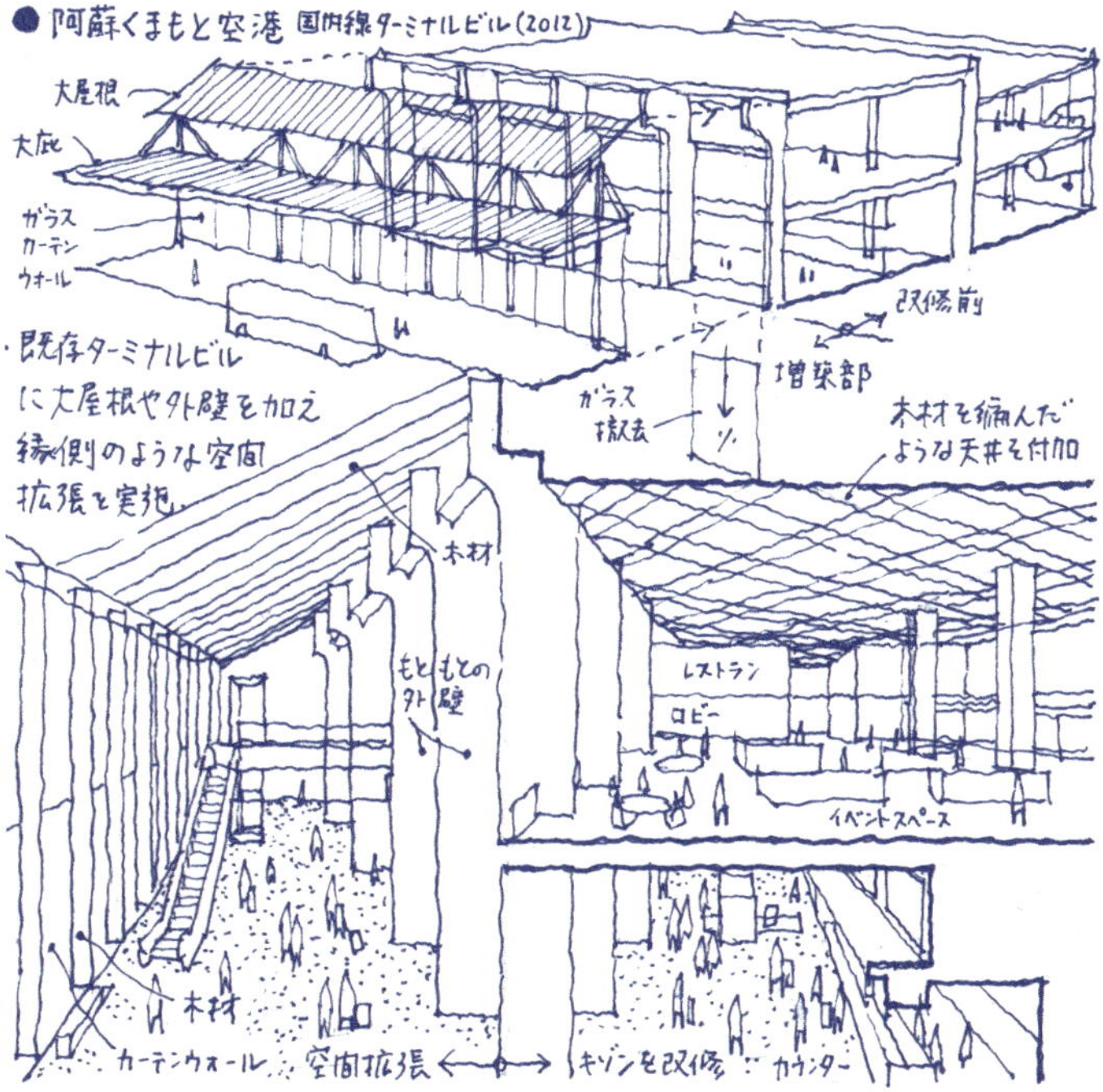

慣れ親しんだ
コンクリートの旧外壁と、
木材とガラスの
最新技術による新外壁が
対面する、
時間の狭間を感じる空間。

まもる

風をデザインしたかたち

53 田中家住宅［山都町民俗資料館］
54 牛深ハイヤ大橋

Keywords
・風圧力
・柔構造
・エアロダイナミクス（空気力学）

2018年現在、世界一高いビルはドバイの「ブルジュ・ハリファ」ですが、828・9メートルもあるそのビルの形状は、よくある箱形の超高層ビルとは大きく異なるものです。それは左右非対称の尖塔型で、角が丸められた小さなビルが、らせん状に積み上がったようなかたちをしています。

超高層建築は200〜300メートルを超えると、実は地震よりも風のほうが大きな問題となります。その風を〝逃がす〟ためのデザインともいわれるこの特異な形状により、周囲に大きな建物や山もない砂漠の中で、自前で風を受け流し、風圧力による横揺れを回避しているのです。

風をデザインした日本の建築は？ と問われたら、有名なものでは東京にある「NECスーパータワー（日本電気本社ビル）」［設計：日建設計］と答えるでしょうか。全高180メートルの中層部にビル風を防ぐ大きな風穴が設けられています。

風とかたちが関係するのは超高層、そんな固定観念を覆すような建築に山都町で遭遇しました。通潤橋への来訪者でにぎわう道の駅の駐車場奥に1軒の古民家が佇んでいます。現在は山都町民俗資料館として公開されている「田中家住宅」です。

幅13メートル×奥行10メートルの小さな平屋にもかかわらず、茅葺き屋根が三つも搭載されています。「平行三棟造り」とも呼ばれるこの民家は、もともとは近くの長田集落の谷あいを望む高台に立地していたもので、強い谷風を避ける工夫からこのように屋根を〝小分け〟にした説が有力とのこと。

内部に入ると、さらにその説に納得。茅葺きを支える骨組みが竹格子と丸太により組まれ、それらは縄で縛られています。またその主構造である丸太の登り梁が、下部の木造軸組に緊結されることなく〝載っ

53

田中家住宅［山都町民俗資料館］

上益城郡山都町下市

宝暦年間に建築され200年以上経過していると推定される平行三棟造り民家。
1991年旧矢部町指定文化財。

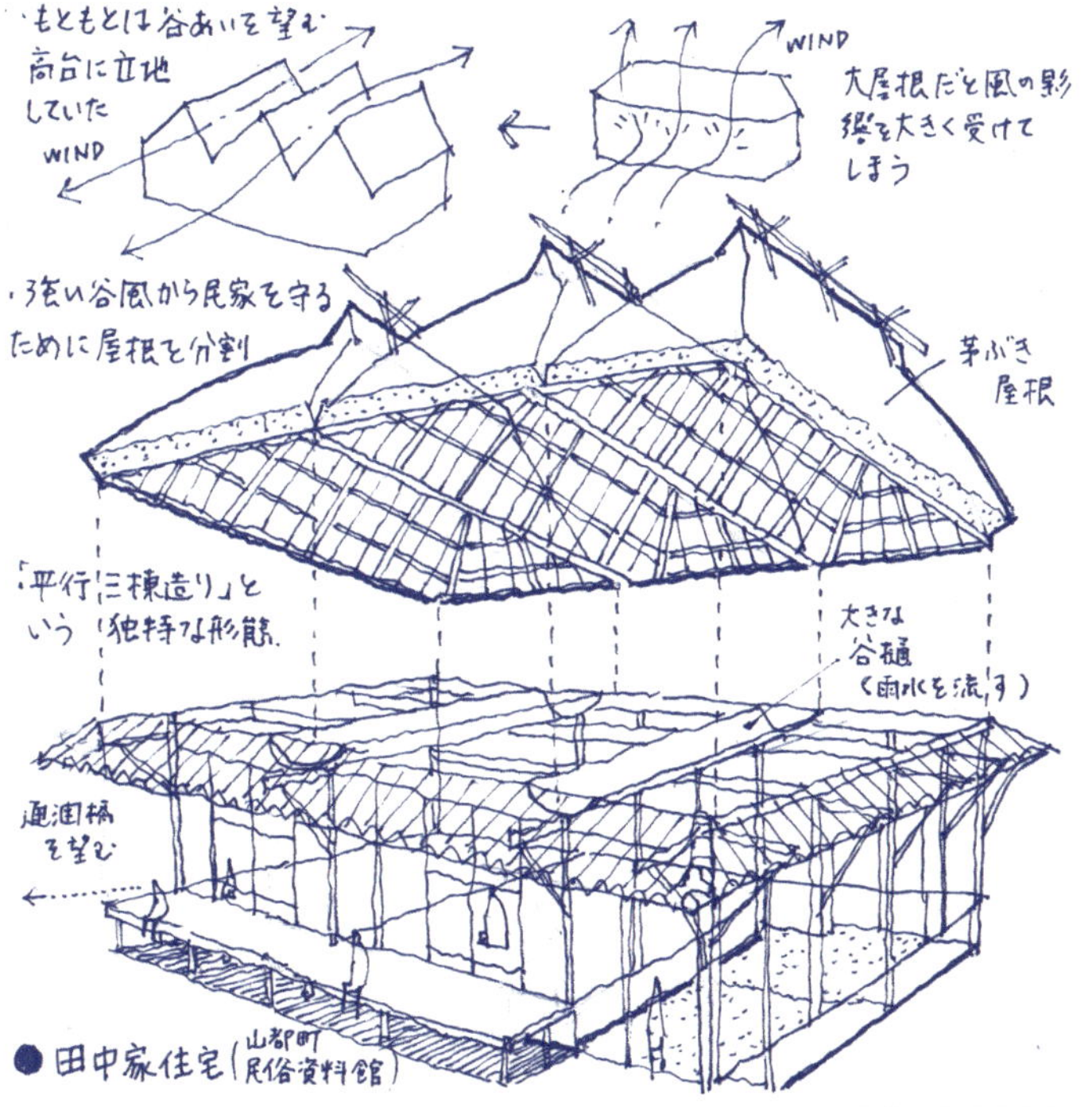
・もともとは谷あいを望む
高台に立地
していた
WIND
WIND
大屋根だと風の影
響を大きく受けて
しまう
・強い谷風から民家を守る
ために屋根を分割
茅ぶき
屋根
「平行三棟造り」と
いう独特な形態
大きな
谷樋
（雨水を流す）
通潤橋
を望む
●田中家住宅（山都町
民俗資料館）

移築前の屋根はかなりの期間一棟化されていたが、
移築時に町内の三棟造りの痕跡を参考に復元したとのこと。

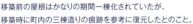

ているだけ〟なのです。

骨組みの接点や交点が柔軟に動くことで風の力を吸収し、屋根の破壊を防いでいると考えられます。白川郷（岐阜県）の合掌造りとよく似た、小さな〝柔構造〟なのです。

天草の南端でも風のデザインを見ることができます。「牛深ハイヤ大橋」は、エアロダイナミクス（空気力学）をその全体造形や空調方式にまで応用した「関西国際空港旅客ターミナルビル」を手掛けたレンゾ・ピアノによる設計。彼が風をデザインしないわけがありません。

まるで細長い飛行船が優雅に旋回しているかのごとく、とても橋には見えない構造物が浮遊しています。その側面をよく見ると、フラップと呼ばれる小さな翼状のパネルが取り付けられています。これらは歩行者を強風から保護し、橋桁を風圧から守る役割を担っているとのこと。

こんな華奢なパネルが効果的なの？と心配になるところですが、ご心配なく。1940年、アメリカの「タコマナローズ橋」という吊橋が横風により崩壊しました。毎秒53メートルの風速に耐えられるように設計されていたのにもかかわらず、それよりはるかに弱い風で崩壊したその原因は、横風による橋桁の振動、そして共振といわれています。フラップは橋桁内への風の侵入を防ぎ、橋の振動を制御しているのです。

本来であれば大屋根を架けるところを小分けに分割した平行三棟造りの民家、そして海風から人と橋を守るハイヤ大橋のフラップ。いずれも単一のデザイン要素が複製され、並列配置されているように見えます。

必要なものが淡々と並ぶ姿は、工場やプラント施設などの〝用の美〟と通じるものがあり、シンプルな美しさを生み出すとともに、周囲の自然を引き立たせる効果も持っています。強さと美を兼ね備えたデザインなのです。

54

牛深ハイヤ大橋

天草市牛深町

1997年8月完成。
設計はレンゾ・ピアノ＋ピーター・ライス＋岡部憲明＋マエダ。
1997年度土木学会田中賞を受賞。

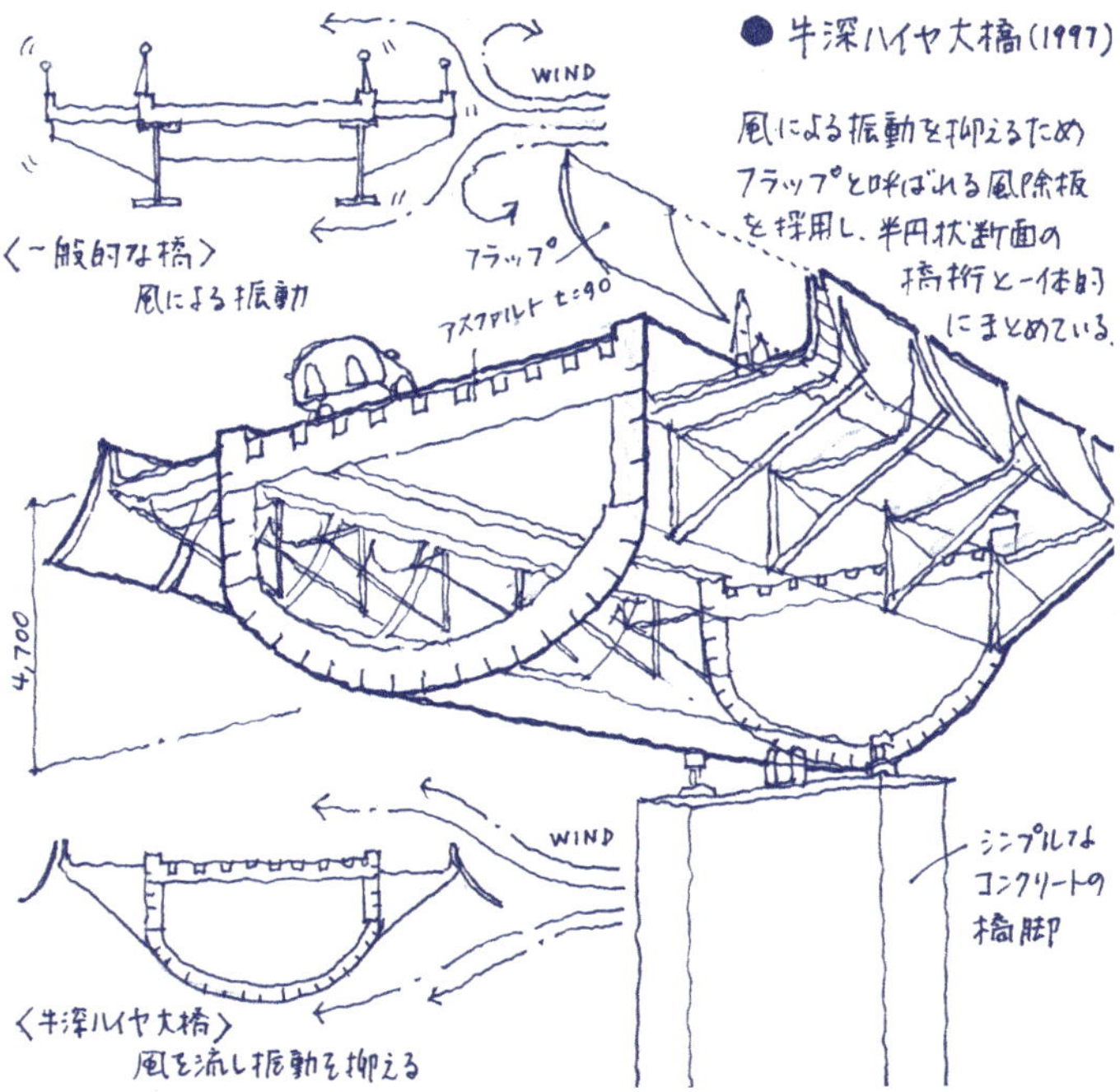
● 牛深ハイヤ大橋 (1997)
WIND
風による振動を抑えるため
フラップと呼ばれる風除板
を採用し、半円状断面の
橋桁と一体的
にまとめている。
〈一般的な橋〉
風による振動
フラップ
アスファルト t=90
4,700
WIND
シンプルな
コンクリートの
橋脚
〈牛深ハイヤ大橋〉
風を流し振動を抑える

全長883メートルの橋上から牛深の美しい風景をたのしむことができるように、
歩車道が高低分離されている。

はいする

敷地の余白を活かすデザイン

Architecture

55 甲佐町やな場
56 宇城市立豊野小中学校

Keywords

・伊勢神宮の「式年遷宮」
・配置による余白のデザイン

7世紀から現代まで1300年間にわたって受け継がれてきた伊勢神宮の「式年遷宮」。御正殿《ごしょうもん》をはじめ、御門《みかど》・御垣《みかき》などの建物と装束や神宝の全てを新しくし、大御神様に新宮へお遷りいただくその大祭は20年に一度行われ、近年（2013年）その年がありました。

定期的にまったく同じ建物を隣につくり、旧建物から遷移する――この壮大な〝御引越〟を支えている、ある重要なデザインをご存知でしょうか。それは現社殿の隣に常に同じ広さ・形状の「空地」が用意されていること。

御敷地《みしきち》と呼ばれるこの余白にて実物を横目に新しい建物を正確に再現でき、これにより社殿を永遠に継承していくことが可能になっているのです。

そして20年後にまた建築と余白が入れ替わり、永遠とこの明滅が続いていくことになります。

建築をつくるということは、同時に余白をつくるということでもあります。

建物の幾何学的な配置がつくりだすルーヴル宮（フランス）の美しい中庭や、敷地の半分だけに建てたことで生まれたポンピドゥ・センター（同）の都市広場、国内では焼失した生家の痕跡を保存するかのように構えられた藤村記念堂［設計：谷口吉郎］による象徴的な庭など、配置の工夫により敷地の残余部分に価値がもたらされた名建築が多々あります。

そんな優れた余白のデザインに甲佐町の緑川付近で遭遇しました。「甲佐町やな場」は、もともと1633年に肥後藩主の細川忠利の命によりつくられた水田用水調節の場でしたが、上質な鮎が捕れることから代々の藩主が毎年来遊するようになり、「やな場」として定着するようになったとのこと。

55

甲佐町やな場

上益城郡甲佐町大字豊内

治水および水田灌漑のために緑川に設けられた「鵜の瀬堰《せぜき》」から流れ込む用水路に、1633年、細川忠利の命で造営。

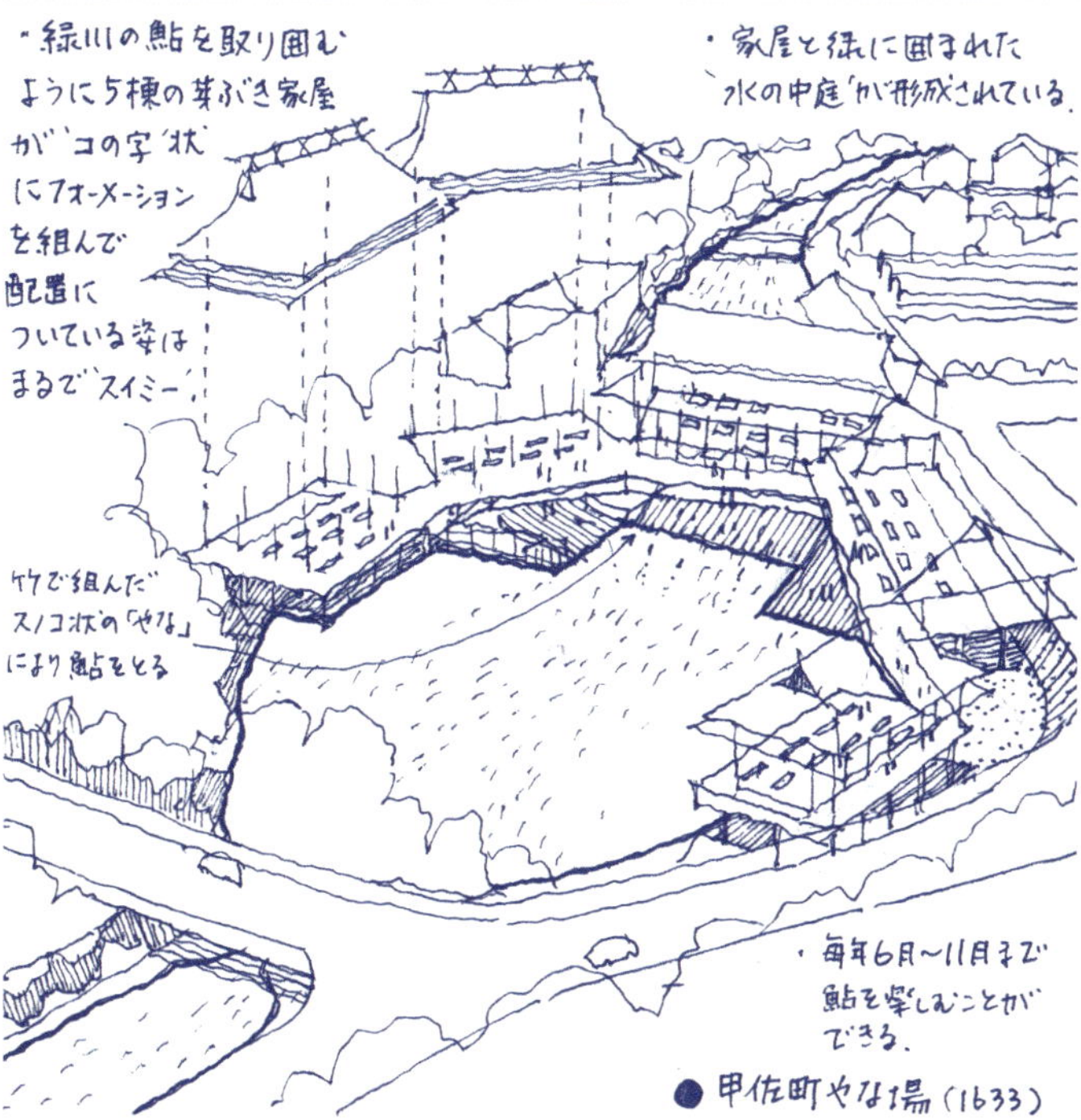
・緑川の鮎を取り囲むように5棟の茅ぶき家屋が"コの字"状にフォーメーションを組んで配置についている姿はまるで"スイミー"
・家屋と緑に囲まれた"水の中庭"が形成されている。
竹で組んだスノコ状の「やな」により鮎をとる
・毎年6月~11月まで鮎を楽しむことができる。
● 甲佐町やな場（1633）

「肥後の甲佐は鮎なら名所御《お》梁《やな》落鮎《おちあゆ》見においで」と歌人・野口雨情がたたえた歌碑がやな場の近くにある。

鮎を捕るしかけである、竹で編んだスノコ状の「やな」を取り囲むように、5棟の茅葺きあずまやが数珠つなぎとなり〝コの字〟状に配置されています。それはまるで上流に口を開けて鮎を待つ大魚の如く。

それにより中庭のような親密さと、豊かな川の流れによる清々しさが同居した、特異な余白空間ができあがっています。ここでは京都の川床《かわどこ》とはひと味違った親水性を味わうことができます。

2013年に完成した「宇城市立豊野小中学校」も、配置に特徴を持った建築です。それまで中学校だけで使用していた敷地内に、新たな校舎を〝挿入〟。体育館や鉄筋コンクリートの校舎群のすきまを縫うように、ヘビのような細長い平屋が配され、施設一体型の小中一貫校をかたちづくっています。

この〝ヘビ〟の形が実にユニーク。以前は駐車場などに使用していた、小中学生の生活スケールとしては大きなスペースには、〝Eの字形〟に配置され、いくつかの小さな庭に面した教室が誕生。そしてこれまでは裏のようだったスペースには〝Iの字形〟で入り込み、裏をオモテの場に変換。そしてヘビ全体は木造の曲面屋根で一体化し、中央の大きな空間にはランチスペースにもなる大きな多目的室を孕んでいます。

甲佐ではまるで〝スイミー〟のように小さなあずまやが集結し、大魚のように口を開き、単体の建築では得ることができないような豊かな親水空間を得ています。

そして豊野では〝ヘビ〟が「かゆいところに手が届く」ように敷地の隅々にまで入り込み、ヒューマンスケールの余白を多数つくりだしています。

両者とも生き物に例えられるように、生き生きと敷地全体に浸透しており、敷地全体を〝使いこなす〟節約時代のデザインとして参考になるものだと思われます。

56

宇城市立豊野小中学校

宇城市豊野町

2013年3月竣工。設計は小泉雅生［小泉アトリエ・SDA設計共同体］。2008年くまもとアートポリス公募型プロポーザルで選定された。

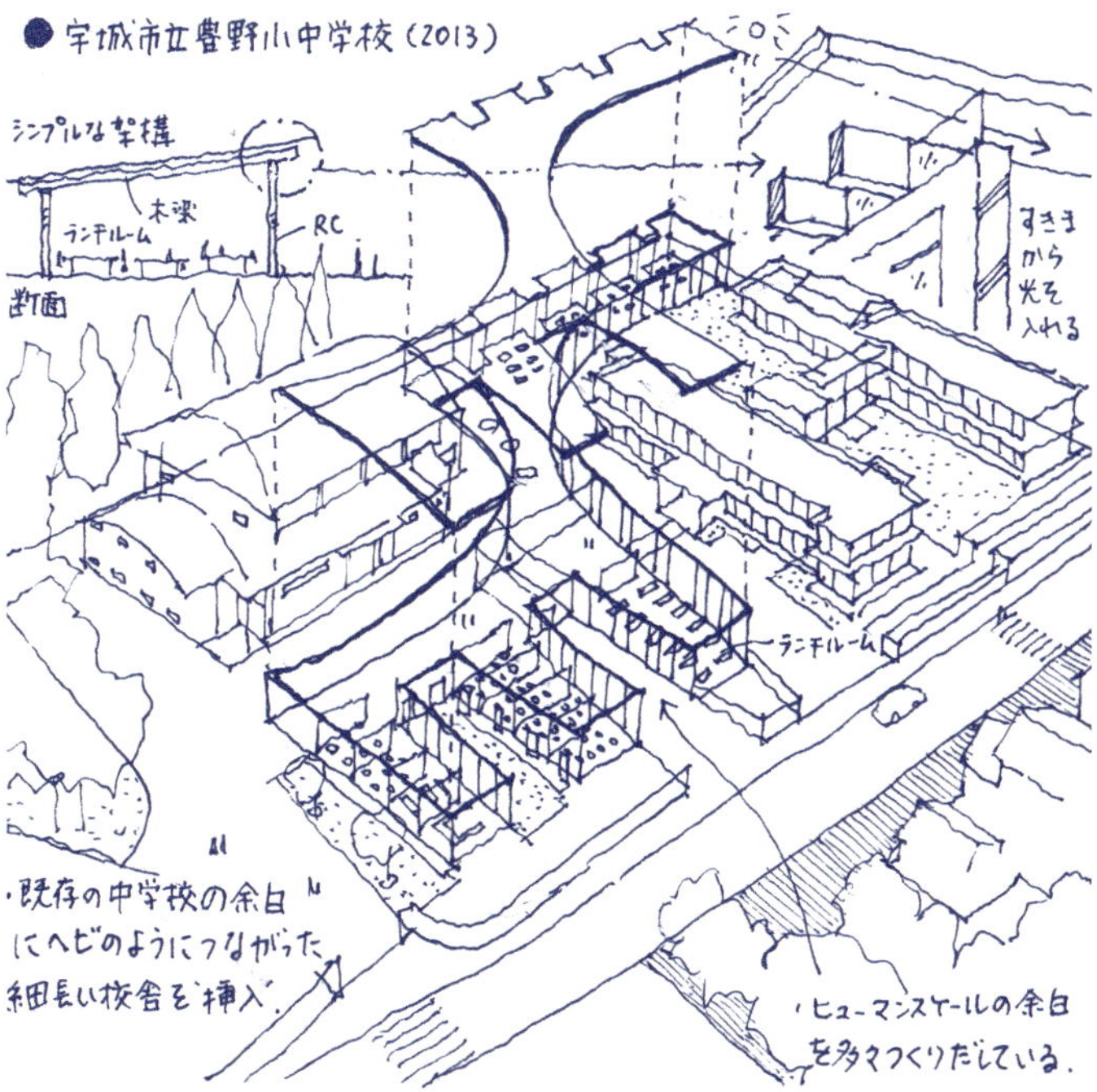

敷地の隅々にまで滑り込むように低層校舎が配置され、
小中学生のスケールに合った
さまざまな余白のスペースが生まれている。

つつむ

洞窟のように純粋な空間

Architecture

57 九州学院高等学校講堂兼礼拝堂
「ブラウン・メモリアル・チャペル」

58 熊本県立球磨工業高等学校管理棟

Keywords

・フレデリック・キースラー
「エンドレスハウス」
・純粋な空間
・洞窟

「キースラーほど建てないで有名な建築家はいない」と現代建築の巨匠フィリップ・ジョンソンをして言わしめたフレデリック・キースラー。オーストリアに生まれ主にアメリカで活動した彼は、モダニズム全盛時に「柱や梁に左右されることなく、もっと自由な形態をつくれないか」と考え、1965年に没するまでの40年間、一つの〝建てられなかった〟建築に没頭しました。

その建築とは「エンドレスハウス」。砕かれた卵のような複数の殻が複雑に錯綜しながら組み合わせられ、メビウスの輪のようにつながった特異な空間を持つ住宅です。

キースラーは機能や経済にとらわれずに、純粋に空間というものを探求し続け、宇宙や人体の連続性をも表現しているかのような、始まりも終わりもない洞窟のような空間に辿り着いたのです。

一般的に建物は構造や設備、法律やコストなど多くの制約のなかで生まれますが、その結果内部空間の〝純粋さ〟が損なわれることは珍しくありません。梁が空間を遮ったり、窓枠が雑然とした印象を与えることもあります。

一方純粋な空間といえば……洞窟です。外形とは無縁の内部は自由であり原初的。洞窟のような空間をつくること――それは建築の究極のかたちかもしれません。

そんな洞窟のような建築に心当たりがあります。

まずは日本で数多くの西洋建築を手掛けたW・M・ヴォーリズによる「九州学院高等学校講堂兼礼拝堂」。旧制五高の赤門を模したともいわれる東門近くに佇む、屋根に十字架を掲げたロマネスク風建築です。

57 九州学院高等学校講堂兼礼拝堂

［ブラウン・メモリアル・チャペル］

熊本市中央区大江

1925年完成。設計はウィリアム・メレル・ヴォーリズ。
1996年に国の登録有形文化財。

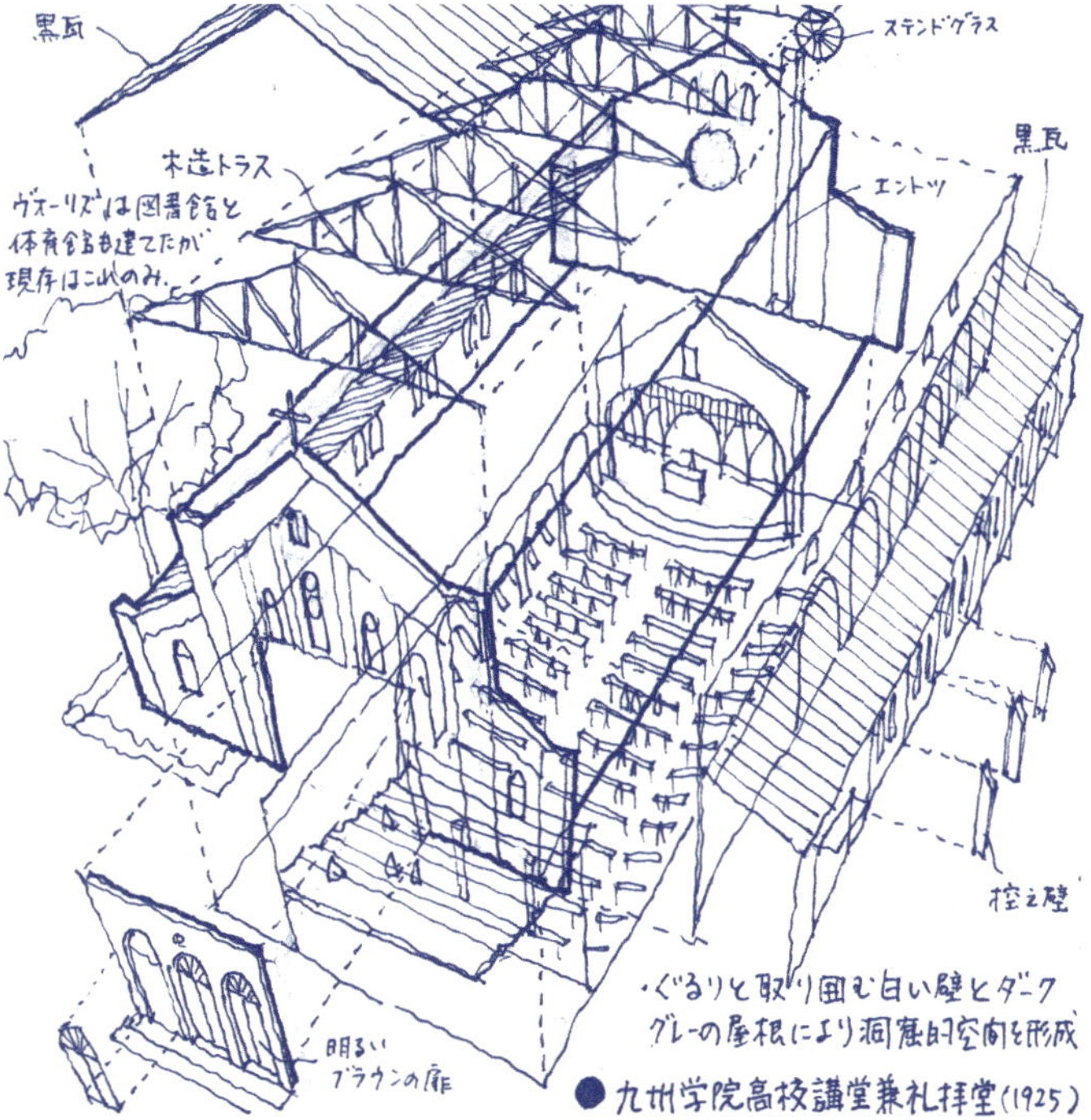

講堂であるが、西南学院博物館（福岡市）と同様に教会堂建築のスタイルをとり、講壇も設けられている。卒業生の結婚式に使用されることも。

白い人造石とグレーのモルタル壁による特徴的な立面に穿たれた3連アーチの入り口をくぐり、エントランスホールを経て三廊式のメインホールへ。木造化粧トラスで支えられた高い切妻天井と、使い込まれた床と長椅子が共にダーク色で抑えられており、ぐるりと囲む白亜の壁が浮かび上がっています。

窓枠やペンダント照明などの実用的な要素は側廊部分に集約され、中央の身廊を囲む壁には照明等が取り付けられているものの、連続するアーチと柱が一体化したシンプルな構成となっています。主空間から実用的な要素が除かれたことにより、洞窟的空間が生まれています。

現代建築ではどうでしょうか。人吉市の「熊本県立球磨《くま》工業高等学校管理棟」は、スギ材を斜めに積層した、高さ8メートルを超える大きな台形状の壁柱によって組まれた2階建ての木造建築です。その壁柱が玄関付近ではジグザグに、図書室では吹き抜けを包むように配置され、木の洞窟を彷徨っているような感覚に陥ります。

しかし、ヴォーリズの空間構成とは異なり、窓枠やルーバー(羽板)などの実用的要素が壁柱に隣接しているのに〝洞窟感〟が感じられるのは何故なのか。

おそらく、この壁柱の圧倒的な存在感がその原因でしょう。実際に構造として機能している〝本物感〟と、金物類が見当たらない接合の工夫により強調される木の〝即物感〟が、アルミサッシやガラスなどの実用物を認識から消し去ってしまうのです。

純粋な空間をつくるためには、不純な要素を分離し、隠してしまうのがこれまでの常套手段でした。しかしエンドレスハウスのように、純粋に空間だけを構築する方法が、技術や素材の進歩と共に見えてきた気がします。

時代がようやくキースラーに追いついてきたのかもしれません。

58

熊本県立球磨工業高等学校管理棟

人吉市城本町

２０１３年７月竣工。
設計はワークステーションとモードフロンティア、萩嶺一級建築士事務所の共同体。
２０１１年くまもとアートポリス公募型プロポーザルで選定された。

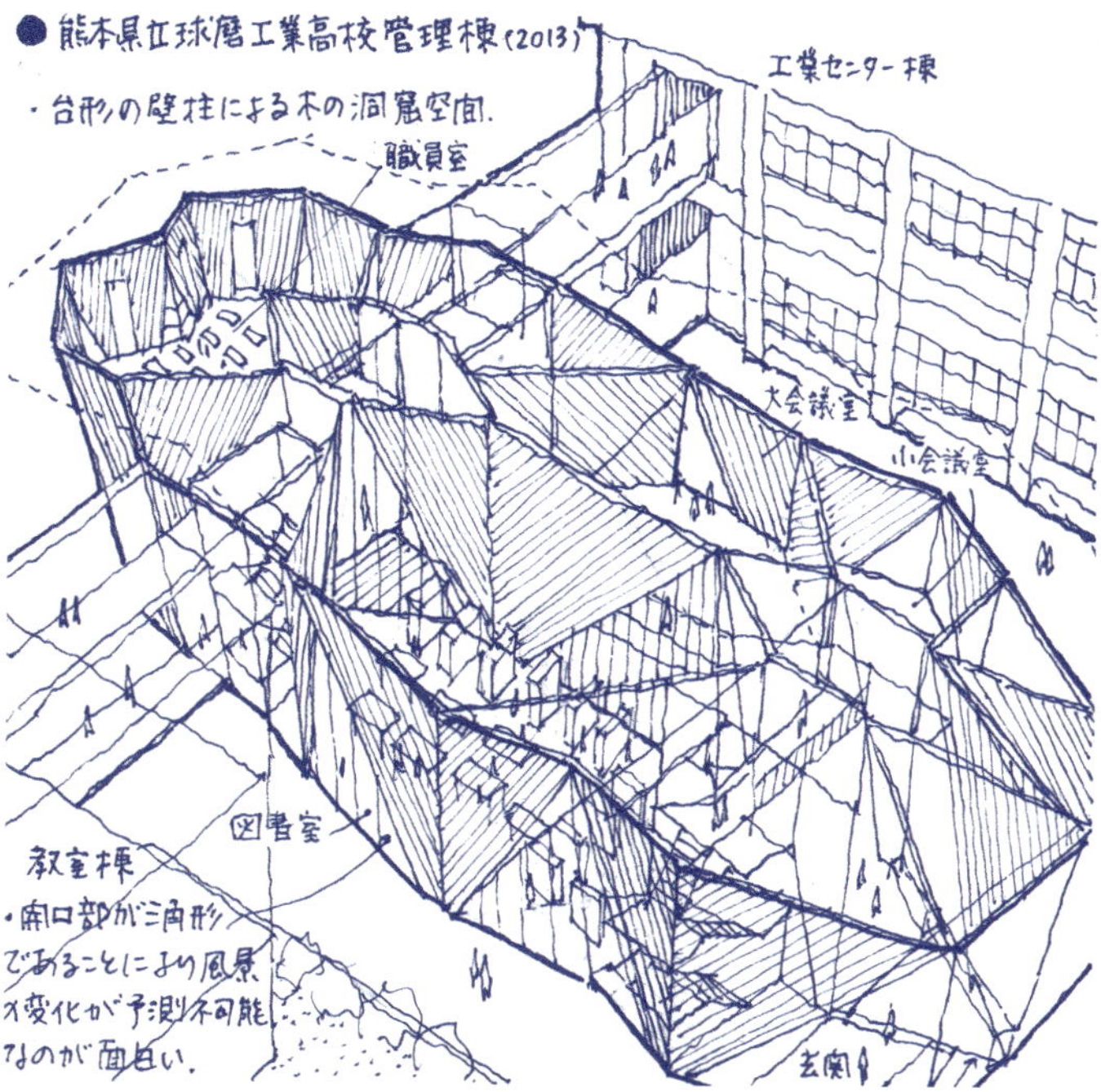

建設にあたり、同校建築コースの生徒が、
旧管理棟の解体から
新管理棟の完成までのプロセスを
身近に見学することができたという。

かざる

〝無駄〟から〝必要〟へ進化

Architecture

59 熊本学園大学14号館〔60周年記念会館〕
60 ニレノキハウス

Keywords
・アドルフ・ロース『装飾と犯罪』
・セルフリノベーション
・参加型装飾空間

古来、人は建築や空間を、壁画や模様で飾り立ててきました。その歴史は古く、有名なフランスのラスコーの洞窟壁画は1万8千年以上も前に描かれたといわれています。その後、飾ることは建築様式へと変化し、ギリシア建築やローマ建築、ロマネスクやゴシック、そしてルネサンスへと変遷を辿ります。ところが、モダニズムの時代になると、機能的な建築が理想との考えから装飾は排除されるようになります。

20世紀初頭にオーストリアの建築家アドルフ・ロースは、「芸術は必要にのみしたがう」という機能主義の主張をさらに徹底させ、著書『装飾と犯罪』の中で「装飾は罪悪である」とまで宣言。ウィーンの歴史的建造物が並ぶ王宮前に、装飾をそぎ落とした代表作「ロースハウス」を建て、激しい非難を浴びると同時にモダニズムに多大な影響を与えました。

その後、世界中に実用性が重視された〝無表情な箱〟が蔓延するようになり、建築の表層に装飾を施したりすることは〝無駄なこと〟と見なされるようになります。しかし社会の変化とともに、最近では無駄ではない装飾、つまり〝必要にしたがった〟装飾が増えつつあるような気がします。

例えば、熊本県立劇場の並びにある「熊本学園大学14号館」。レンガ張りの一見普通のビルですが、西側壁面に縦13・6メートル×横10・1メートルの巨大なモザイク画を設えており、道行く人の視線を集めています。これは、1960年に故海老原喜之助画伯により制作され、同市新市街で熊本東宝会館ビルの壁面を飾っていた壁画「蝶」を、同会館の閉館に伴い2007年に〝壁ごと〟移設したものなのです。

半世紀近くも街の一部をなしていた壁画を一瞬にして葬ってしまうのではなく、場所こそ異なれど同じ

59

熊本学園大学14号館［60周年記念会館］

熊本市中央区大江

2007年6月竣工。設計は野中建築事務所。第13回くまもとアートポリス推進賞を受賞。壁画の原画「蝶」は1959年、第5回日本国際美術展で最優秀賞受賞。

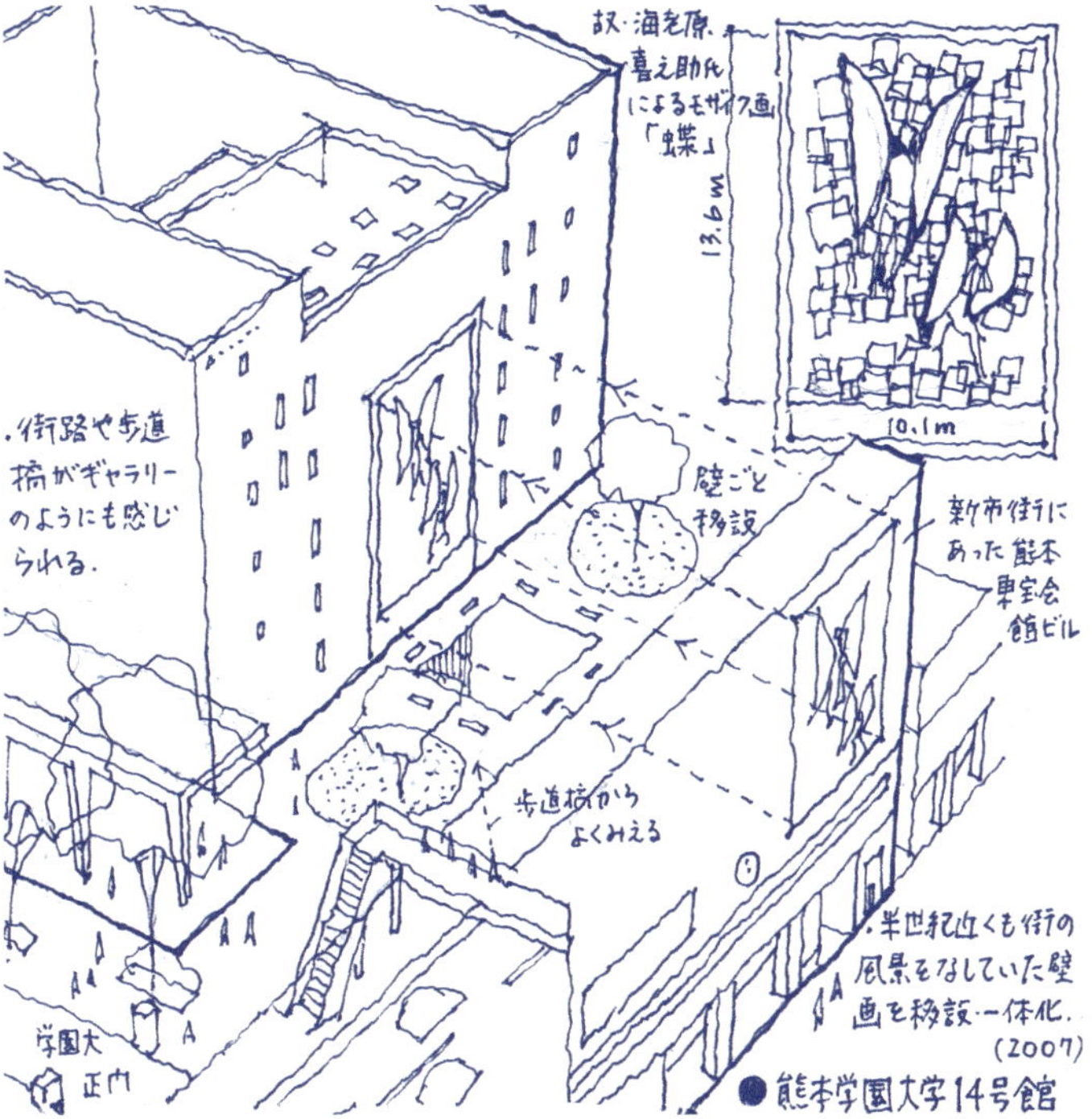

2匹の蝶がアダムとイブをテーマにしているともいわれている
この壁画は、解体寸前に関係者の労により移設された。

空の下に永く継承していく――これは必要にしたがった装飾以外の何物でもありません。

一方、熊本市北区楡木《にれのき》の高台にある「ニレノキハウス」は、築約30年が経過したごく普通のアパートを、〝セルフリノベーションOK〟というコンセプトで再生した賃貸集合住宅。通常の賃貸では壁に釘を打つことさえできないなか、ここでは躯体むきだしのシンプルな空間で、壁を塗装したりカウンターをつくったりすることができます。住み手が空間形成に参加できる、自由な賃貸アパートなのです。

このうちの一室と階段は、学生のアイデアによりセルフリノベーションされました。この階段が本題の新しい装飾空間。

1～3階をつなぐ階段の壁や手摺に、楡の木をモチーフにした大樹と、さまざまな動きを持つ動物たちのシルエットが描かれています。この黒色、実は黒板塗装の黒であり、チョークで文字や絵を描くことが可能です。住人同士でお知らせやメッセージをやりとりすることができる、参加型装飾空間ということができます。

二つの装飾は無駄どころか、むしろその建築や都市空間にとって必要なものを装飾化した点が共通しています。熊本学園大学14号館のモザイク壁画は文化や歴史を継承し、ニレノキハウスの階段空間は集合住宅で失われがちなコミュニケーションをサポートしているのです。

狩りの成功祈願や星図の再現などともいわれる洞窟壁画に始まり、やがて無駄な扱いへと変貌した装飾も、現代ではさまざまなヒトやモノをつなぐメディアのような、新しい存在へと進化しているのかもしれません。

60

ニレノキハウス

熊本市北区楡木

1984年に建設された賃貸集合住宅。2012年より改修を開始し、現在も進行中。学生のリノベーションは主に熊本大学、熊本デザイン専門学校の学生による。

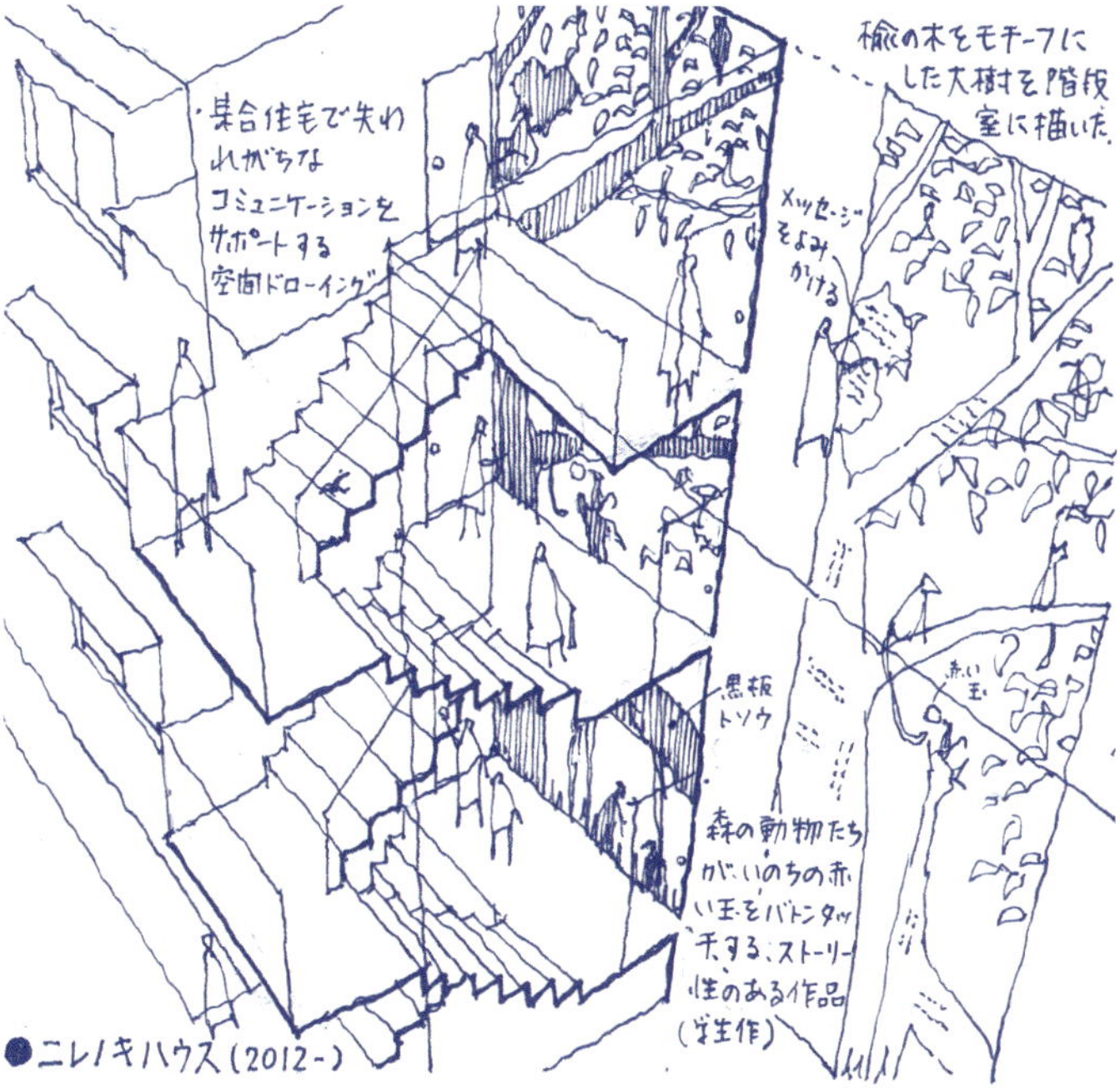

●ニレノキハウス（2012-）

大木に見え隠れする動物たちは赤い玉を随所でキャッチボールしており、学生によれば、それは生命の連鎖を表現したとのこと。

なじむ

異なる分野の融合が奏功

61 熊本県営新渡鹿団地
62 阿蘇望橋

Keywords
・異分野融合
・建築×土木
・土木×建築

学問には哲学や政治学、数学や物理学などさまざまな分野がありますが、最近ではその境界を越えた、分野横断的なものが数多く登場しています。例えば「再生医学」や「サービス科学」「合意形成学」、さらには「失敗学」なるものまで。一体どんな学問なのかイメージできますか？

かのｉＰＳ細胞を生んだ「再生医学」は、医学、薬学、生物学はもちろん、農学や工学などあらゆる領域にまたがる包括的な分野を形成しています。また「サービス科学」とは、経営工学、社会工学、マーケティング科学などの多分野が融合し、サービスについての研究を行う新領域の学問。例えばコンビニの未来像を描くといったイメージでしょうか。

社会が多様化し、扱う対象が従来の枠組みでは捉えきれないほど拡張し複雑化するにつれ、学問領域がそれぞれ横断・融合しているのです。

造船技術を取り入れ、有機的な構造体を実現した「せんだいメディアテーク」〔設計：伊東豊雄建築設計事務所〕や、緑化技術と斜面建築が融合した「アクロス福岡」〔設計：日本設計〕のように、最近では建築の世界でも異分野と協働することで、それぞれ〃樹木のような〃〃山のような〃新しいタイプの建築を生み出しています。

この〃異分野融合建築〃の先駆けが、熊本ではだいぶ前からつくられてきたことをご存知でしょうか。建築に土木を交配したもの、逆に土木建造物に建築を掛け合わせた珍しいものも。

まずは「建築×土木」からいきましょう。熊本市の保田窪陸橋付近に、まるで団地と橋がドッキングしたような建物がそびえたっています。この「熊本県営新《しん》渡《と》鹿《ろく》団地」には、なぜ橋のような土木構造体が掛け合わされているのでしょうか。

61

熊本県営新渡鹿団地

熊本市中央区渡鹿

1993年3月竣工。設計は小宮山昭＋ユニテ設計・計画。熊本市の東部、国道57号の東バイパスにつながる幹線道路沿いに立地している。

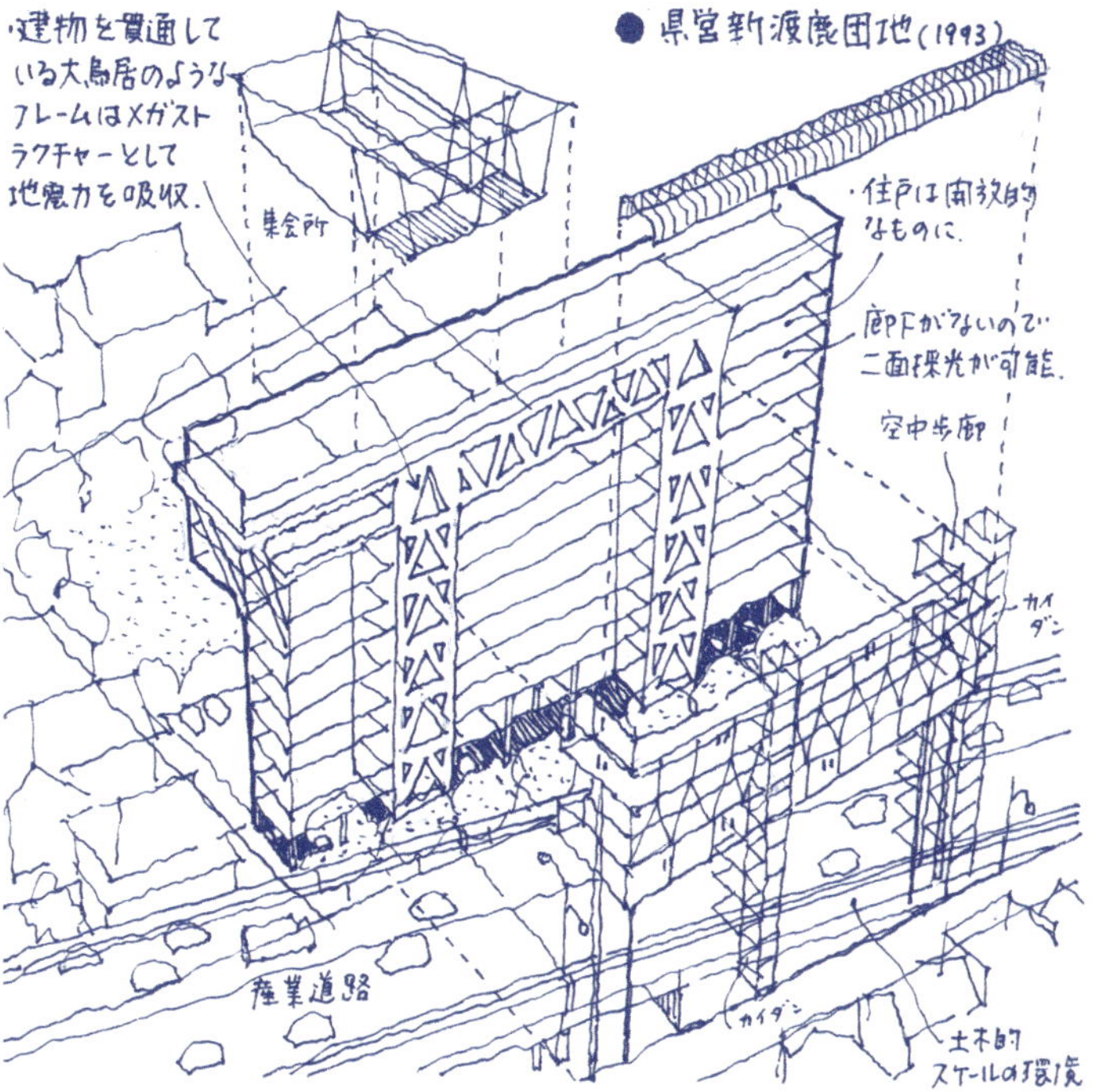
●県営新渡鹿団地（1993）
建物を貫通している大鳥居のようなフレームはメガストラクチャーとして地震力を吸収。
集会所
住戸は開放的なものに。
廊下がないので二面採光が可能。
空中歩廊
カイダン
産業道路
カイダン
土木的スケールの環境

現代建築は周囲の看板や陸橋などの都市的要素となじまないものが多いが、この団地は不思議と都市の喧噪に溶け込んでいる。

建物全体を貫通している大鳥居のようなコンクリートフレームは、地震力を吸収する役割を担っており、各住戸を開放的なものにしています。現に住戸内には梁がなく、天井までのガラス面が明るい室内環境を形成。また北側廊下は赤いトラスの空中歩廊として外壁から切り離され、2面採光・通風を持つプライバシーの高い住戸が実現しています。

これらのトラス構造は団地の住環境に寄与するだけでなく、その土木的なスケールにより、建築を付近の陸橋や幹線道路といった都市的スケールになじませるといった効果も生んでいます。

一方「土木×建築」は、阿蘇市波野にある「阿蘇望橋《あそぼうばし》」です。これは小さな川に架かる木造車道トラス橋で、建設当時は屋根付きとしては国内初、41・6メートルの橋長は国内最長であったとのこと。その後、宮崎にて「かりこぼうず大橋」という140メートルもの大規模な橋ができましたが、こちらは土木スケールの橋を木に置き換えたものであり、橋の上に切妻の建物が載っているといった風貌を持つ阿蘇望橋のほうが、周囲の風景に溶け込んでいる印象が強い。

驚くべきことに、この橋はアスファルト下の床板までが木製であるのにもかかわらず、住宅に用いるようなサイズの部材をうまく組み合わせることで、トラックやバスが立て続けに通過してもまったく揺れない構造となっていることに感心します。

どちらの建造物も、「△」や「×」を用いたトラス構造が共通しています。新渡鹿団地ではその土木スケールの構成が建物と都市を媒介し、阿蘇望橋では小屋のような架構のスケールや表情が周囲の木立と橋を結びつけています。

いずれも周囲にとって〝なじむ〟存在となっているのは、この〝異分野融合〟なる方法が功を奏しているからではないでしょうか。

62 阿蘇望橋

阿蘇市波野

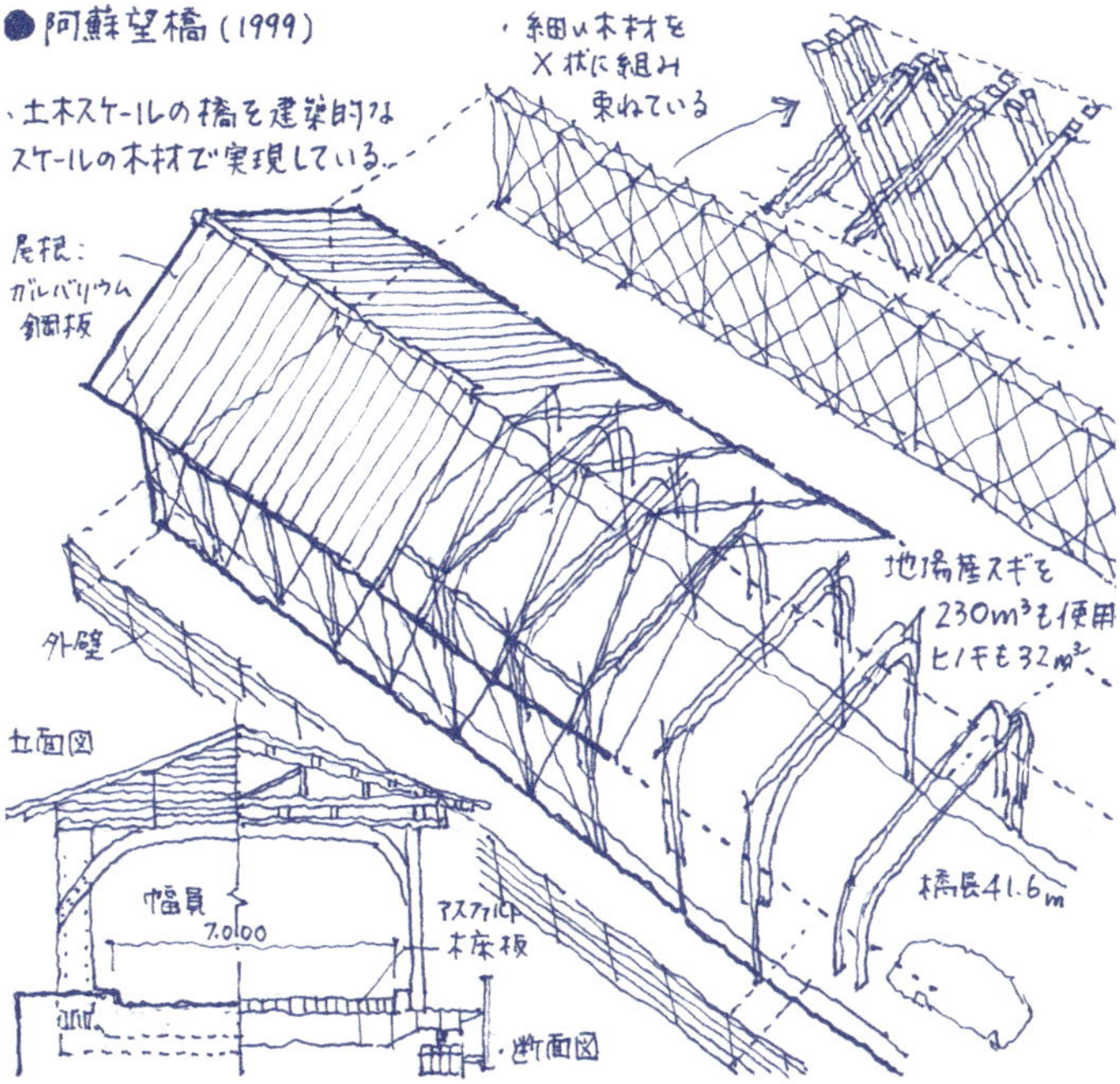
●阿蘇望橋(1999)
・土木スケールの橋を建築的なスケールの木材で実現している。
・細い木材をX状に組み束ねている
屋根:ガルバリウム鋼板
外壁
地場産スギを230m³も使用
ヒノキも32m³
立面図
幅員
7,000
アスファルト
木床板
断面図
橋長41.6m

1999年8月完成。設計は林業土木コンサルタンツ。別名「日本版のマディソン郡の橋」とも呼ばれている。

村民により名付けられた名の通り、
好天時には阿蘇・根子岳を望むことができ、
来遊を歓迎してくれる。

とう

哲学的な謎を突きつける存在

63 熊本県野外劇場アスペクタ
64 球泉洞森林館

・映画「2001年宇宙の旅」
・モノリス——不可解な存在
・自然とは何か、建築とは何か

400万年前の地球に出現した漆黒の直方体〝モノリス〟。謎の物体に類人猿は戸惑いつつも、それに触れることにより動物の骨を道具として使うことを覚え、進化を遂げていく——。映画「2001年宇宙の旅」における有名な冒頭シーンです。その後、人類は20世紀末の月面など複数回モノリスに遭遇することを通して、鑑賞者は謎を突きつけられます。このモノリスは一体何で、何のために存在するのか。

この作品は、テーマ性や映像美から高い評価を得ている反面、その解釈に関する議論が今でも行われているように、最も〝わかりにくい〟映画の一つともいわれています。

その一方で、昨今の世の中は〝わかりやすく〟〝説明しやすい〟ものばかり。もちろん誰もが理解しやすく、使いやすいということは大切ですが、何かあのモノリスのような哲学的な問いを発する存在も、ときには必要かもしれません。人間がさらに進化するために。

南阿蘇村にある「熊本県野外劇場アスペクタ」はそんな建築です。1987年の伝説的なロックフェスティバルの〝聖地〟として再び脚光を浴びたのが記憶に新しい施設ですが、上空からまさにモノリスが舞い降りたかのような風貌をしています。

阿蘇五岳を雄大に望む北下がりの大きな草原に、地面すれすれで浮遊しているような長さ132・6メートル×幅13・6メートル×高さ3メートルの平たい直方体。最低限のステージ屋根や照明灯こそありますが、基本的にはこのコンクリートの直方体だけで屋外劇場ができているのです。客席でもある広大な芝生斜面の観客収容数は最大5万人とのこと。

この物体は大きな翼を広げた飛行機にも見えるし、草原という大海原に浮かぶ船にも見える。あるいは

63

熊本県野外劇場アスペクタ

阿蘇郡南阿蘇村

1987年5月竣工。設計は葉祥栄［葉デザイン事務所］。広大な草原を客席とする世界最大級の野外ステージ。観客収容数は最大5万人。

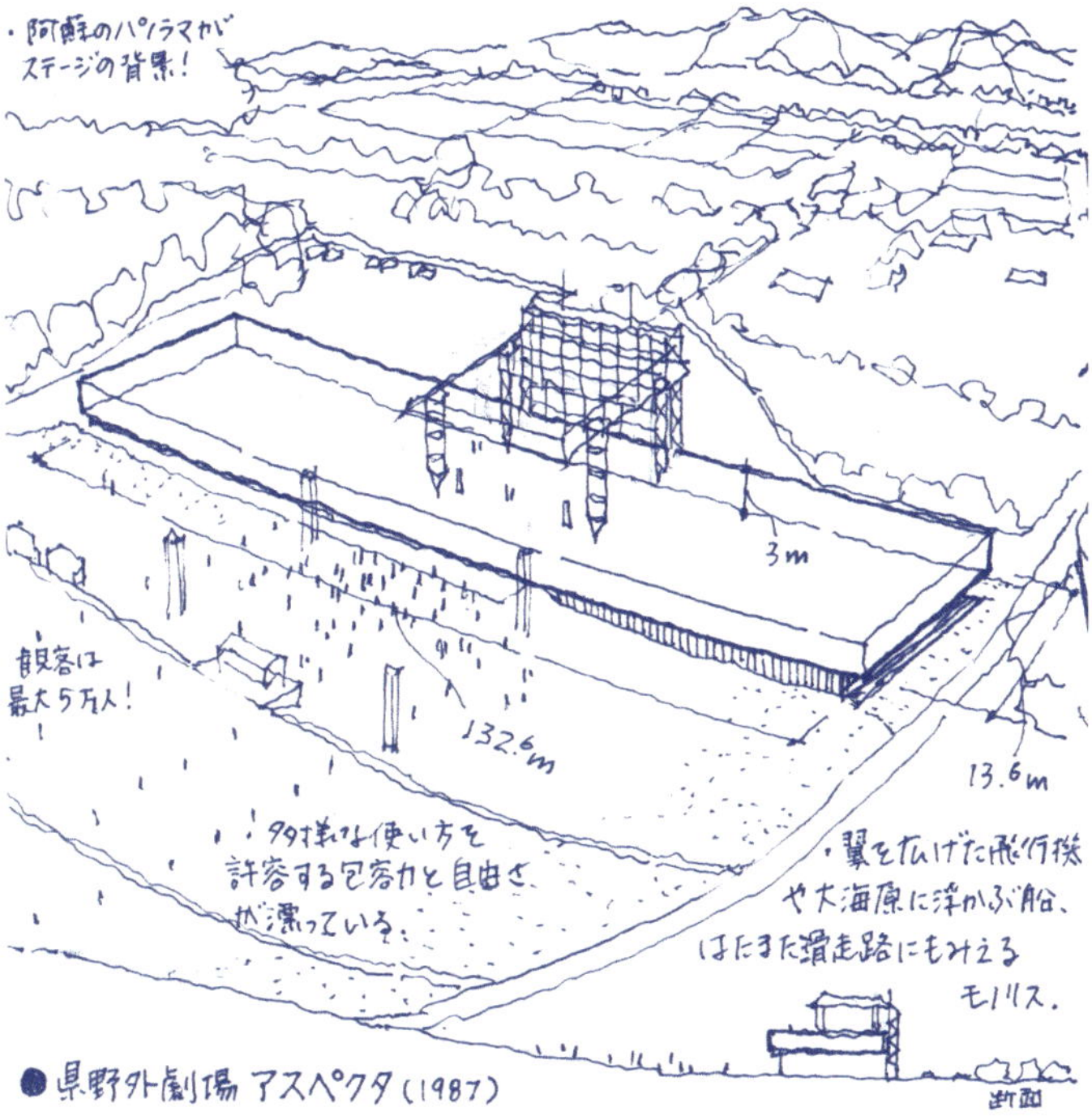
・阿蘇のパノラマが
ステージの背景！
3m
観客は
最大5万人！
132.6m
13.6m
・多様な使い方を
許容する包容力と自由さ
が漂っている。
・翼を広げた飛行機
や大海原に浮かぶ船、
はたまた滑走路にもみえる
モノリス。
断面
●県野外劇場 アスペクタ（1987）

直方体の中は柱が林立する空洞となっており、トレンチと呼ばれるその広大な空間は、出演者の出待ちや倉庫に利用されている。

大空へと羽ばたくための滑走路なのかもしれない。

　この長さは何のためなのか、箱のような厚みの意味は？ などいろいろな謎を感じつつも、いろいろな使い方を許容する包容力と自由さが漂っています。


球磨《くま》村の「球泉洞《きゅうせんどう》森林館」も、そんな建築です。いくつかのドームが重なった屋根群に穿たれたエントランスから入館すると、スキップフロアをだんだんと降りながら、多彩な空間を体験することができます。

　平面でいうと円が重なった空間、三日月型の吹き抜け、二重らせん階段を持つ単円の空間などさまざまな空間があらわれ、立体的には衝突してできた〝泡〟の中を彷徨い歩くような感じです。

　個々の空間は円形平面とドーム天井を持つことで、それぞれ完結しているようでもあり、それらが衝突・融合していることで全体が一つのまとまりを持っているような、どこか矛盾した不思議な感覚。

　この幾何学的立体による建築は、森にとっての異物なのか、自然との融合なのか？ どちらにも見えてくるので、悩みは深まるばかりです。


両者とも単純な幾何学をベースにしている点が共通していますが、注目すべきはその効果です。アスペクタでは、自然には存在しない真一文字の直線やフラットな平面が、逆に地形の起伏の多様さや自然の曲線美を浮かび上がらせています。また球泉洞森林館でも同様に円や球といった純粋立体が、周辺の自然の曖昧さや有機的な美を顕在化させています。

　降臨したモノリスが、人類とは何か、進化とは何かを問いかけたように、これらの建築もそれ自身が〝映し鏡〟となり、自然とは何か、建築とは何か、という哲学的な問いを発しているようにも見えてくるのです。

64 球泉洞森林館

球磨郡球磨村

1984年6月竣工。設計は木島安史＋YAS都市研究所。
1985年日本建築学会賞を受賞。

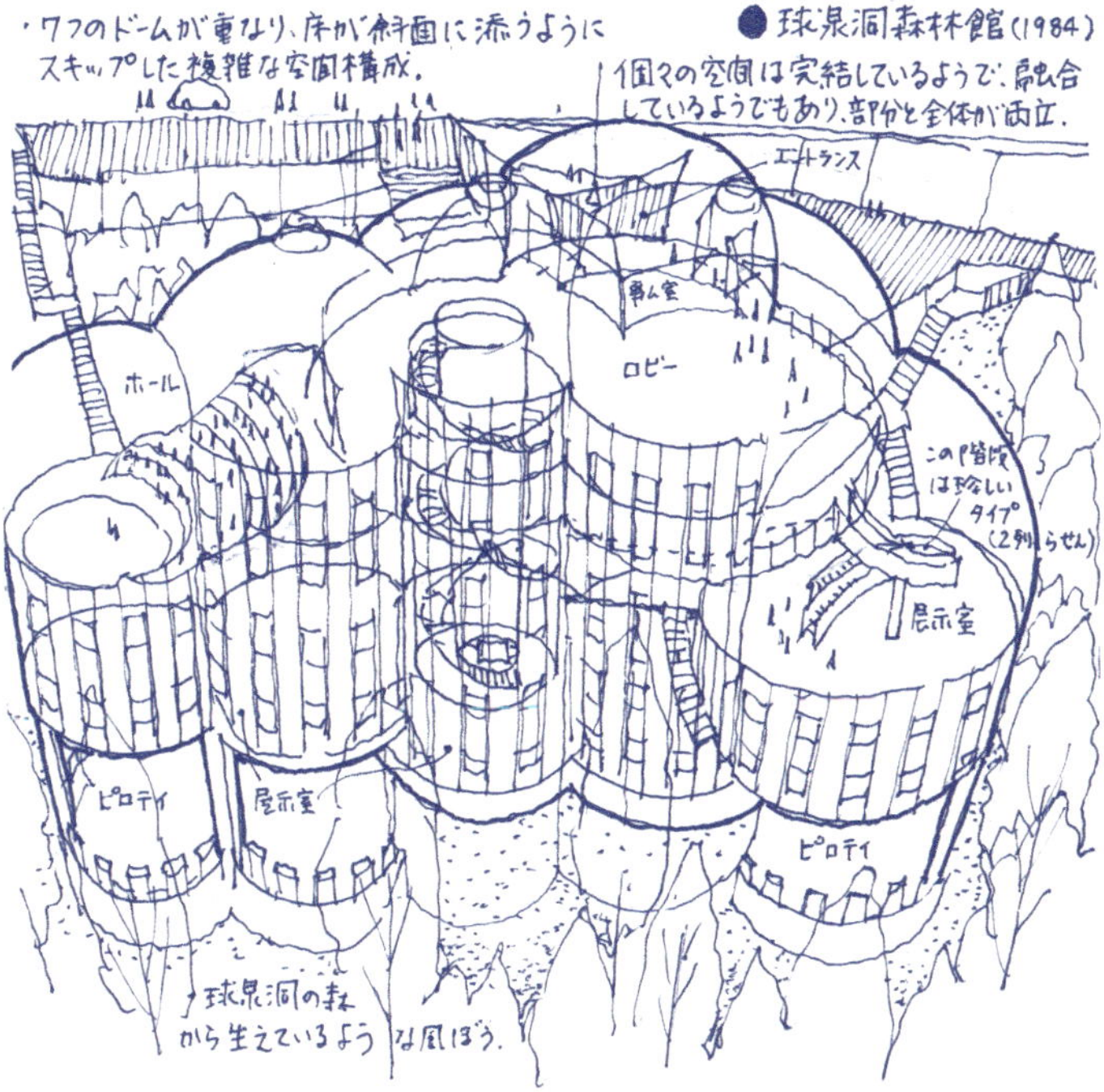
・7つのドームが重なり、床が斜面に添うように
スキップした複雑な空間構成。
●球泉洞森林館（1984）
個々の空間は完結しているようで、融合
しているようでもあり、部分と全体が両立。
エントランス
事ム室
ホール
ロビー
この階段は珍しいタイプ（2列らせん）
展示室
ピロティ
展示室
ピロティ
球泉洞の森から生えているような風ぼう。

球磨川から見上げると怪しい洋館のようにも見えるが、
内部には木材がふんだんに使用された優しい空間が広がっている。

すすむ

〝普通のビル〟からの変容

Keywords
・ドミノ・システム
・インターナショナル・スタイル
・逓信建築
・建物の長寿命化と環境配慮

飛行機や屋上など高所から街を眺めると、現代都市は箱形のビルやマンションで埋め尽くされていることを、あらためて痛感します。私たちがいわゆる〝ビル〟と呼んでいるこれらの箱形建築はいつ頃から登場したのでしょうか。

かたち自体が箱形の建物は西欧を中心に中世より存在しますが、それらは石やレンガ積みの分厚い壁による箱であり、窓も小さく間仕切りも変更できない暗く不自由な箱。この閉塞的状況から脱却するべく新しいかたちを提唱したのが、本書でもたびたび登場するル・コルビュジエです。

彼は「ドミノ・システム」と呼ばれる画期的なアイデアを1914年に提唱します。それは鉄筋コンクリートでできた四隅の柱を、同じく鉄筋コンクリートの床版でサンドイッチしたもの。構造から解放された壁は自由の身となり、明るく自由な空間を積層することが可能となったのです。

後にこのシステムを用いた単純箱形建築は「インターナショナル・スタイル」と名付けられ、1920年代頃から鉄やコンクリート、ガラスを用いた近代的なビルとして世界中に浸透していきます。

日本でも多くの建物がこのスタイルに影響を受ける一方で、独特の気候や風土に合わせるように日本型に変化していったものも少なくありません。今回はこの種別に注目しましょう。

熊本市の通町筋と坪井川が交差する一角から熊本城を望む「日本郵政グループ熊本ビル［旧九州郵政局］」は、ドミノの原型をそのまま建てたようなビルです。欧米のドミノは箱で包まれてしまったのに対し、外壁が後退して設けられていることにより、床版が全周囲〝庇化〟しています。旧郵政省建築部によって設計された「逓信建築」は、このような〝庇建築〟の風貌が特徴で、東京・大手町をはじめ、日本のオフィス建築

65

日本郵政グループ熊本ビル［旧九州郵政局］

熊本市中央区城東町

1959年竣工。設計は旧郵政省建築部。熊本城の東側に隣接し、通町筋に面した角地に建っている。

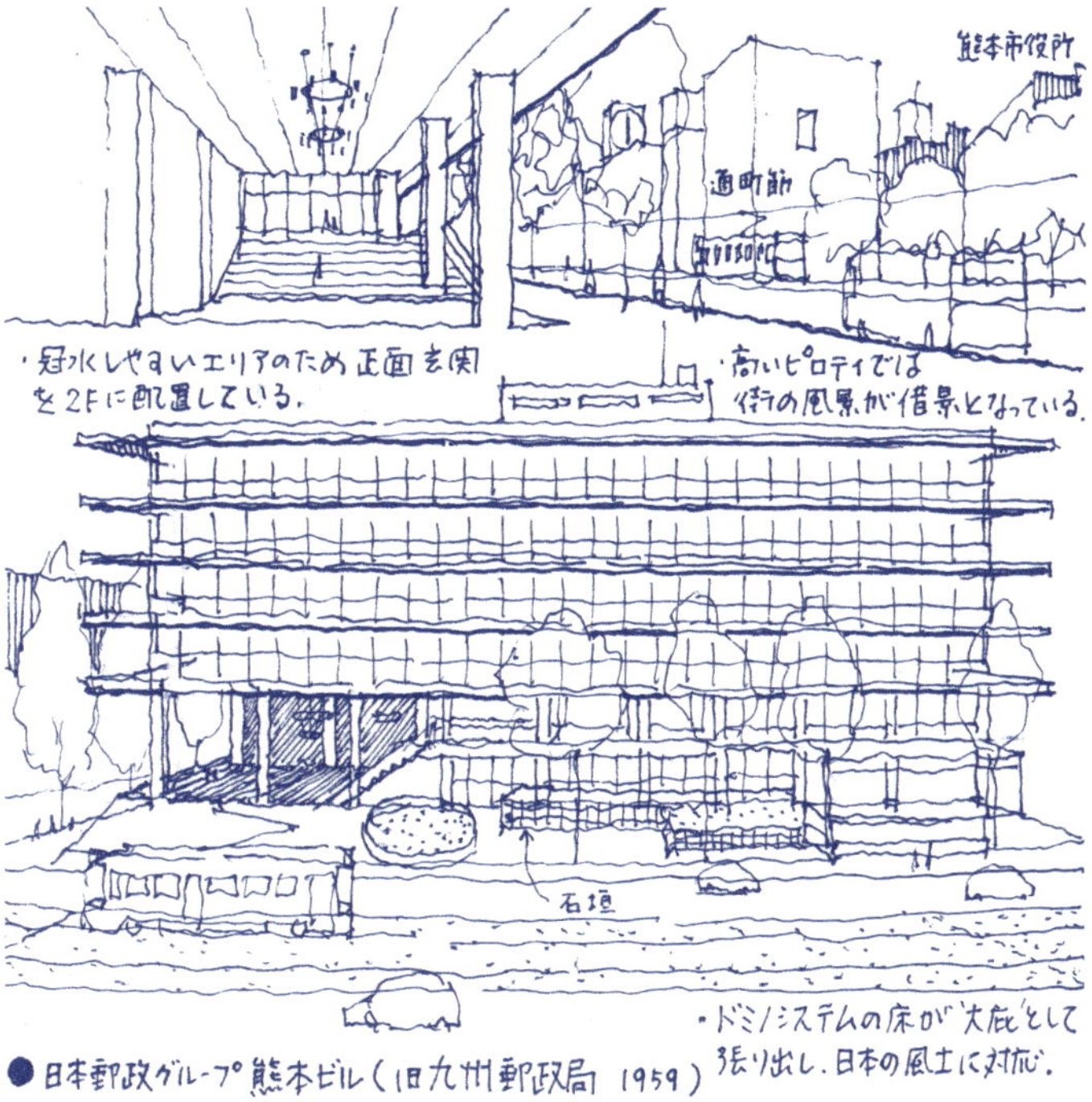
熊本市役所
通町筋
・冠水しやすいエリアのため正面玄関を2Fに配置している。
・高いピロティでは街の風景が借景となっている。
石垣
・ドミノシステムの床が"大庇"として張り出し、日本の風土に対応。
● 日本郵政グループ熊本ビル（旧九州郵政局 1959）

1階にイベント空間にもなる大きなピロティを持っている。
ピロティはインターナショナル・スタイルの特徴の一つ。

に大きな影響を与えました。

この熊本の逓信建築を担当した当時の設計課長・薬師寺厚は、庇の効用について、空調が整わぬ時代に有効だった「日射の遮蔽」、風雨からの「外壁・サッシの保護」、火災時の「延焼防止」の点から、そのメリットを論文で訴えています。その効用は十分に発揮され、竣工から半世紀以上が経過したとは思えないほどキリッとした姿を今も保ち続けています。


金峰山を北側正面に望む「熊本市西区役所」は、政令市移行に合わせてできた新しい庁舎ですが、建物のタイプはやはりドミノ・システム。

田園風景の中で、まずガラスによる透明な空間が4枚の床版に挟まれたシンプルな構成が印象的。加えて杉板化粧型枠を用いた打放しによる質感豊かな大庇が、周辺環境の色をほのかに映し込むことにより時々刻々と変化する表情をたのしむことができます。

その一方、無柱の執務空間やエコボイドと呼ばれる吹き抜けを利用した自然換気システム、30キロワットの太陽光発電や壁面緑化など、建物の長寿命化と環境に配慮したさまざまな装備や工夫が施されています。風景になじむ素朴さと、持続可能性をもたらすハイテクな環境が同居した、地域性を持った新時代のドミノと言うことができるでしょう。


限られた地球の表面を拡張するように床を積層した建築は、やがてドミノ・システムとして近代化され、世界中に伝搬していくと同時に〝普通のビル〟と化していきました。今や世界は普通のビルで満ちています。

しかしその中でも地域性を考慮し、さまざまな変容を遂げている〝進化した普通のビル〟もあるのです。そんな特別種が影響をもたらし、世界が良質なビルで満たされていくことを期待したいものです。

66 熊本市西区役所

熊本市西区小島

2012年1月竣工。設計は三菱地所設計。スギ板本実型枠による鉄筋コンクリート打ち放しと、特殊断面を持つテラコッタブロックの透積が印象的な外観。

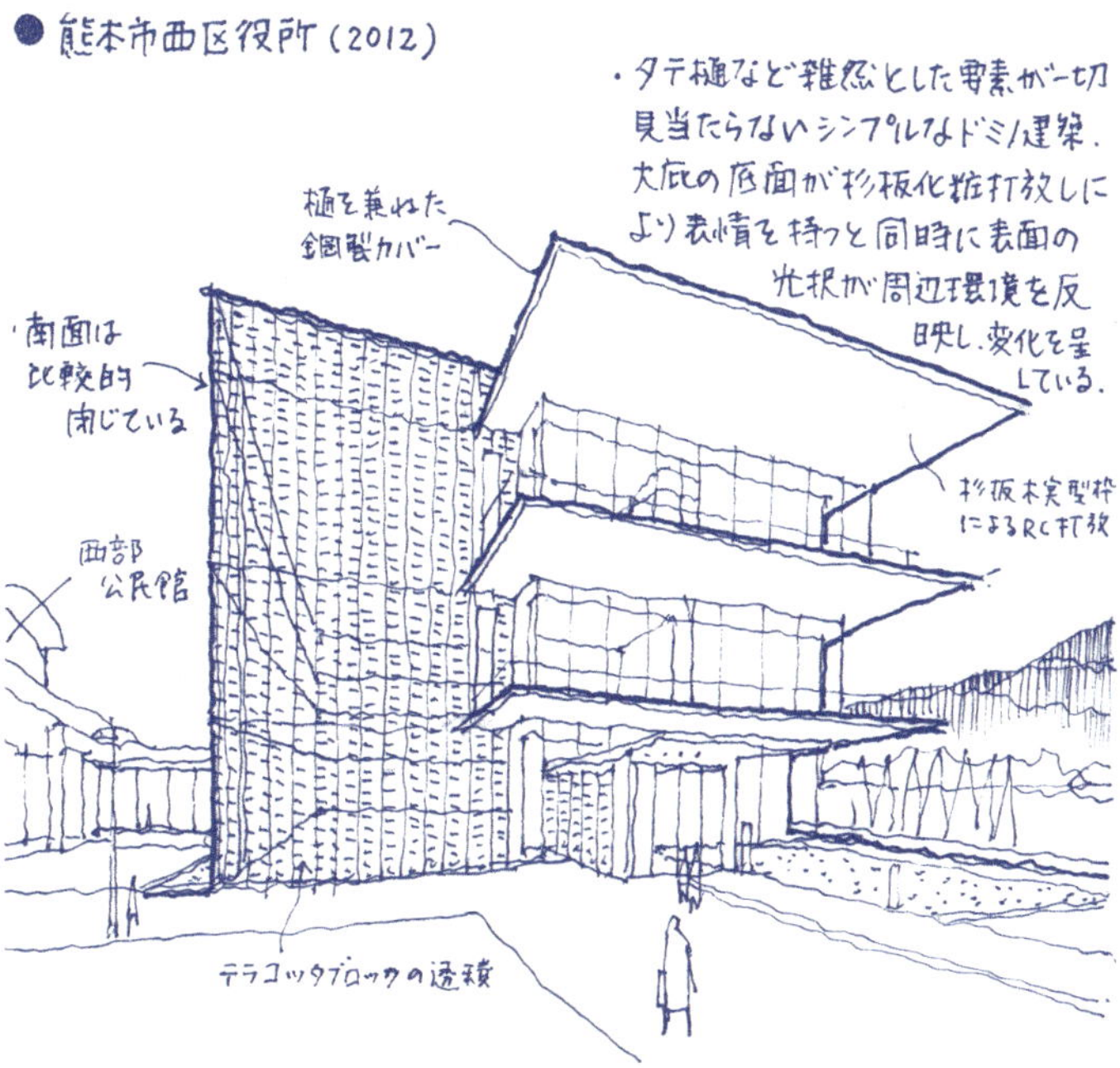
●熊本市西区役所（2012）
・タテ樋など雑然とした要素が一切
見当たらないシンプルなドミノ建築．
大庇の底面が杉板化粧打放しに
より表情を持つと同時に表面の
光沢が周辺環境を反
映し，変化を呈
している．
樋を兼ねた
鋼製カバー
南面は
比較的
閉じている
杉板本実型枠
によるRC打放
西部
公民館
テラコッタブロックの透積

大きな庇の端部には樋を兼ねた鋼製カバーが全周に配されており、大地に呼応するように大きな水平性を強調している。

ひそむ

格好よさをつくるプロポーション

Keywords
・複合形態のプロポーション
・黄金比［1対1・618］

格好がよいとか、安定していると感じたモノには、何かそう思わせるメカニズムが潜んでいます。色、かたち、質感によるもの、またはそれらが複合して作用しているケースもあります。そのなかでもかたちが持つ〝プロポーション〟は重要な要因の一つと言ってよいでしょう。プロポーションとは比率や割合のことであり、かたちの比率がその格好のよさに影響を与えていることはよく知られています。

その比率の代表格といえば黄金比。1対1・618は人間が最も美しいと感じる比率といわれ、それは自然界に見られる植物や生物の成長比率に起因しているとのこと。有名どころではパルテノン神殿やミロのヴィーナス、ピラミッドやオードリー・ヘプバーンの顔までもがその比率でできているといわれています……、とここまではよくある話ですが、世の中の建築はピラミッドや神殿のような単純なかたちをしたものばかりではない！　とは思いませんか。

普段私たちが目にしている建築は単一形態のものだけでなく、複雑で構成的なものも多数あり、それらに美しさや安定を感じることも、もちろんあります。

そこで、今回は身近にある〝かたちのよい〟複合形態建築に注目し、そのメカニズムについて考えてみましょう。

まずは熊本市内の心当たりから。通町筋に建ち並ぶビルの狭間にひっそりと佇む「手取教会」です。

建物は単層で屋根は切妻瓦葺き、左右対称の正面中央には方形平面の鐘塔が設けられ、その頂部に搭載された独特の八角ドーム屋根と、〝へそ〟の位置に設けられたステンドグラスの丸窓が印象的なロマネスク風教会堂です。

67

手取教会

熊本市中央区上通町

1928年竣工。設計、施工ともに鉄川与助。
熊本の繁華街の中心に立地する、
与助にとっては初の鉄筋コンクリート造といわれる教会。

手取教会（1928）
1
1.618
1.618
1
1.618
・逆T字型とその比率の関係
・内部は桃色の花のレリーフが印象的な意外な空間が。
'立面を構成する逆T字型'のフレームは大小複数の黄金矩形により出来ている。

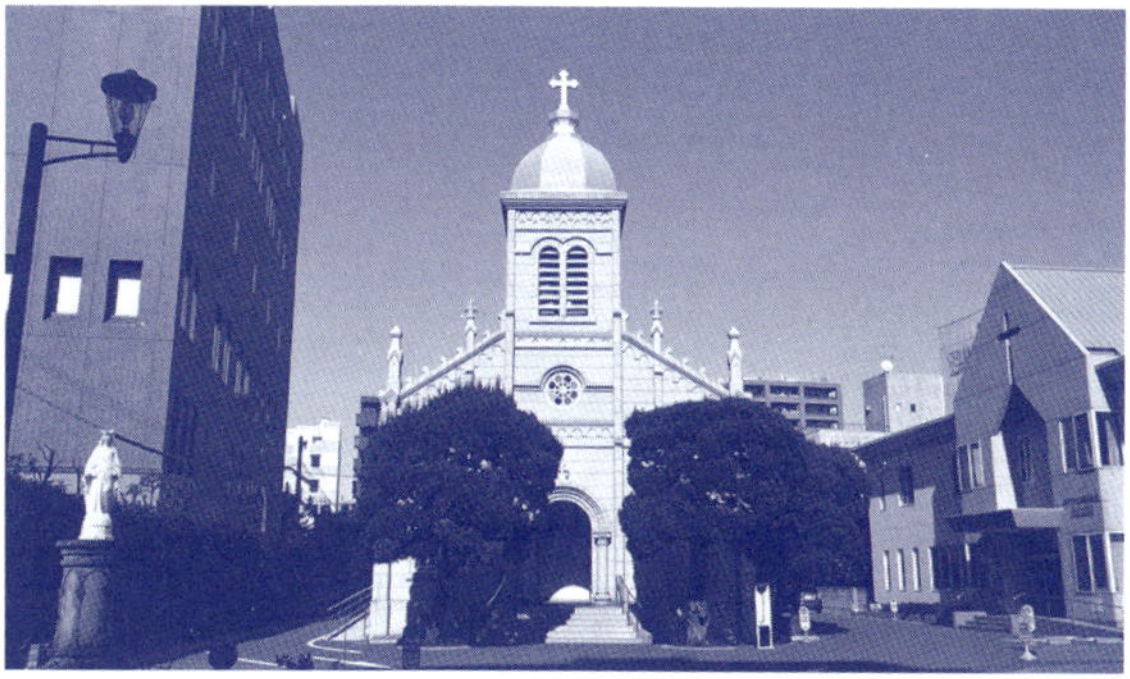

内部には、シックな外観からは想像することのできない、桃色の花のレリーフに囲まれた白亜の空間が広がっている。

この立面構成を大きく捉えてみると、建物幅を長辺とし側面高さを短辺とした大きな長方形と、正面鐘塔の細長い長方形が重なっています。「T」の字を逆さまにしたロケットのような〝逆T字形〟。まず大きな長方形を測ってみると、そのタテヨコ比はおよそ1対1.6。さらに〝へそ〟まで達する鐘塔の長方形も同様の比率でした。

つまりこの〝逆T字形〟フレームは、大小の複数の黄金矩形(長方形)が組み合わさってできているのです。

宇土半島の先端に位置するJR三角《みすみ》線の終着駅、「三角駅」の駅舎の姿にも、以前からバランスのよさを感じていました。

実はこの三角駅、2014年まで鉄骨製展望台が駅舎の顔を大きく塞いでいたのですが、観光列車「A列車で行こう」運行開始に伴い撤去され、建物のかたちや建具等はオリジナルのまま、〝南蛮風〟にリニューアル。

この建物の立面も手取教会と似た構成で、さまざまな開口を持つ大きな横長壁面と、小さな尖塔が載った三角屋根を持つエントランスの垂直壁がクロスした構成を持っています。測ってみると横長壁面には黄金矩形が三つ含まれており、垂直壁はトンガリ屋根までがちょうど黄金比。そして手前の波形3連キャノピー(柱付き庇)もそれぞれ黄金矩形というオマケ付き。

二つの建築共に水平と垂直の長方形が〝逆T字形〟で重なった骨格を基調としており、それぞれの矩形は黄金比で構成されていました。おそらくこの比率が一つでも異なると、不安定さや落ち着かない印象を与えることでしょう。

ピラミッドのような単純形でない建物の格好のよさには、その立面を構成する大きな骨格と、それを形づくるプロポーションが大きく関わっているのです。このメカニズムは〝逆T字形〟だけではないので、定規片手にさがしてみてはいかがでしょうか。

68 JR三角駅舎

宇城市三角町

1899年開業、1903年に現在地に移転。2011年10月に改修。改修デザインは水戸岡鋭治。

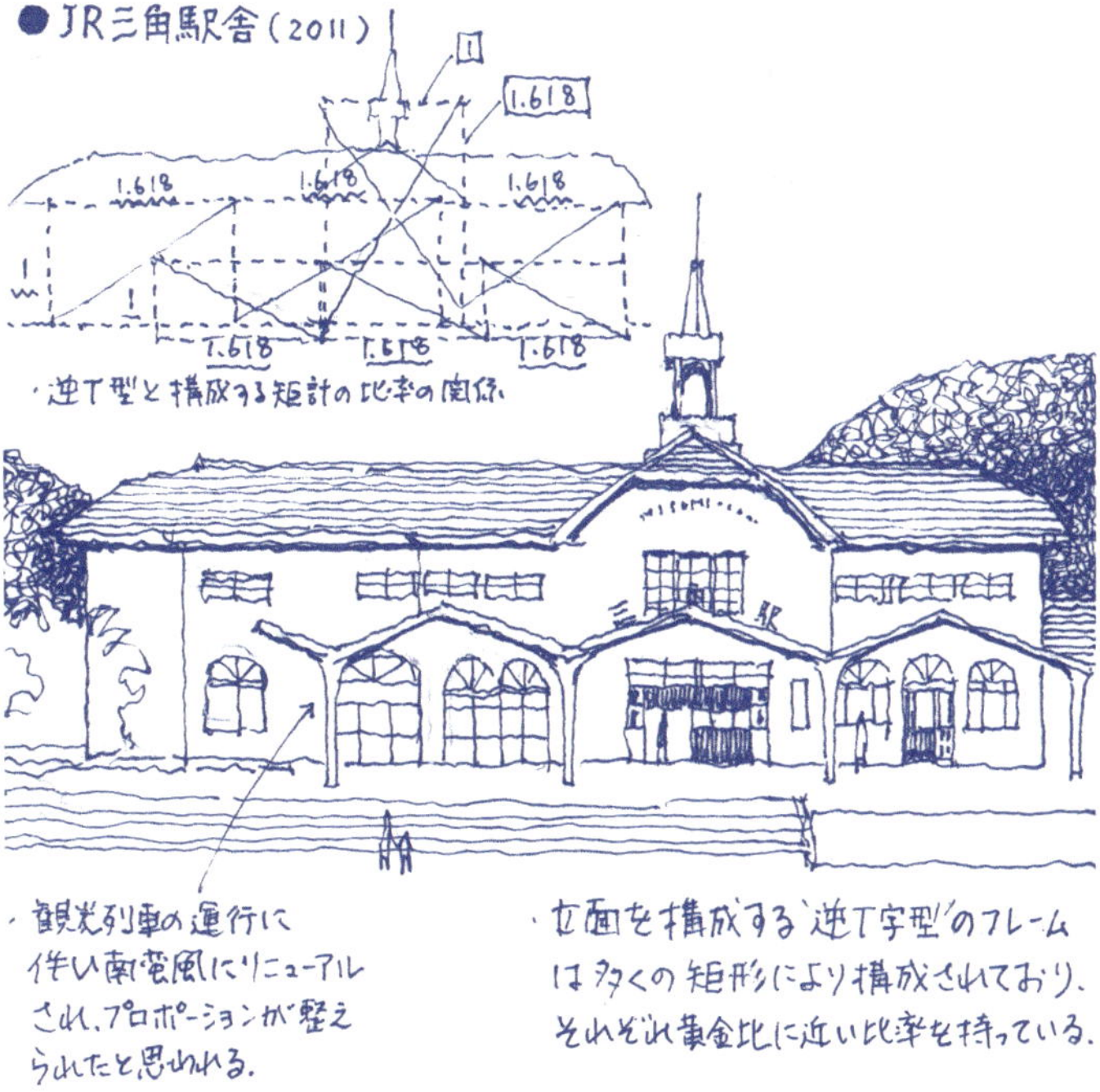
●JR三角駅舎（2011）
1
1.618
1.618
1.618
1.618
1
1
1.618
1.618
1.618
・逆T型と構成する矩形の比率の関係
MISUMI STATION
三角駅
・観光列車の運行に伴い南蛮風にリニューアルされ、プロポーションが整えられたと思われる。
・立面を構成する"逆T字型"のフレームは多くの矩形により構成されており、それぞれ黄金比に近い比率を持っている。

外壁塗装や内装変更、サイン追加といった軽微な変更にもかかわらず、〝素材のよさ〟を引き出した改修がなされている。

であう

まだ見ぬものへの期待感

Architecture
69 宇土市立網津小学校
70 びぷれす熊日会館

Keywords
・多様性と永続性
・多彩な場所とまとまり

漱石が今の熊本を見たら「建築の森だな」とつぶやくだろう、ということから始まった本書もついに最終節。その締めに相応しいテーマは……〝森のような建築〟です。果たして森の都を体現するような建築とは。

そもそも森とはどのようなものでしょうか。まずは多くの樹木が生い茂っているのが基本で、木々の配置はランダム、樹種や樹形はそれぞれ多彩。そこには土中の微生物をはじめ地表のコケやキノコ、草花や昆虫、そして樹冠を渡り歩く動物や鳥たちなど、多くの生物が共生しています。

またその環境を生成維持しているのが、あらゆるもののつながりです。生物と空気・水・光などの環境は呼吸や光合成で、生物同士は食物連鎖でそれぞれつながっています。このつながりが永続性を生み出しています。

この森に見る多様性と永続性を持つような場所や空間をつくることができたらどんなに素晴らしいことでしょう。多様な場所に満ちており、生き生きとした時間がずっと続くような建築。

宇土半島の付け根に位置する「宇土市立網津小学校」は、学校建築としては風変わりな姿をしています。北は島原湾に向かって開き、他三方は山に囲まれた田園の中で、周囲のビニルハウス群と同調するような〝かまぼこ〟連続型校舎。

薄いコンクリート製のかまぼこ型屋根が、教室などの部屋にふわっと架けられています。〝ロの字〟形廊下のまわりにそれらが並べられ、積まれ、全体の校舎ができているのですが、その配列が単調でないのがポイントです。中庭を挟んだり半分ずれたり、多彩なリズムで配置されていることにより、空間の単位はシ

69

宇土市立網津小学校

宇土市網津町

2011年3月竣工。設計は坂本一成［アトリエ・アンド・アイ 坂本一成研究室］。島原湾に注ぐ網津川の扇状地に立地し、三方が小山に囲まれ、湾へと広がる田園風景の中に位置している。

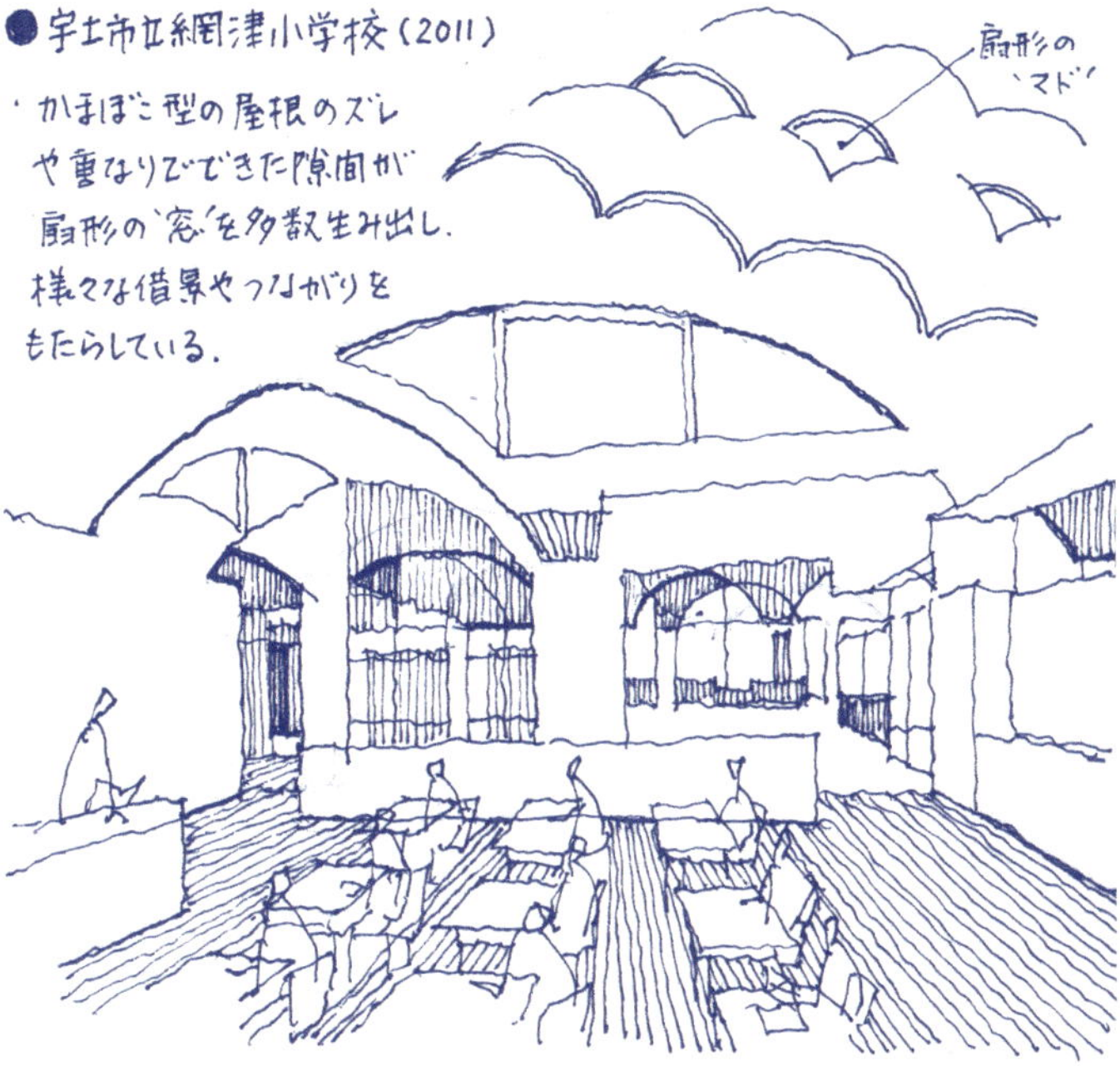
●宇土市立網津小学校（2011）
・かまぼこ型の屋根のズレ
や重なりでできた隙間が
扇形の'窓'を多数生み出し、
様々な借景やつながりを
もたらしている。
扇形の
'マド'

円弧や矩形といった
幾何学をベースとしているが、
それらの組合せが
多彩であることにより、
有機的な雰囲気が
生み出されている。

ンプルでありつつも、いろいろな場所が散在しています。

かまぼこウェーブのズレや重なりでできたすきまが、扇型状の〝窓〟を形成し、周囲の空や山を切り取り、教室に多彩な借景をもたらしています。また、この〝窓〟は他の教室の気配を伝える効果もあり、全体がつながっている感じにも貢献しています。

熊本市中央区の上通アーケード入り口横に建つ「びぷれす熊日会館」の〝びぷれす〟とは、新聞発祥の地の英訳〝The Birth Place of The Press〟を日本語感で縮めた表現とのことですが、この複合建築には、文字通り多くの情報発信機能が備えられています。文化を発信する現代美術館や流行を発信する商業施設のほか、情報発信の場としての半屋外広場、ホテル、生涯学習プラザ、スタジオ、そして武道場までもが内包されています。

興味深いのは、それらの諸機能がデパートのように無窓の箱に閉じ込められることなく、何となくブロックを積むテレビゲームのテトリスのように、その〝複合感〟を漂わせつつ全体のまとまりを持っていること。でもそのピース同士の輪郭は曖昧で、ある人にとっては全体がホテルのようにも見えるし、人によっては全体が美術館のようにも感じられる点が面白い。

網津小の〝森〟は、ある共通の単位が多数集まり、その配置が多彩であることにより、いろいろな場所をつくりだしていました。一方、びぷれすの〝森〟は、多様な単位がテトリスのように集まり、その全体がまとまりを持つことによりさまざまな見え方をもたらしています。

タイプの異なる二つの〝森〟からは共通した感覚を得ます。それは、何か面白そうなモノやコトに出会う期待感。私たちが森での発見や出会いを心待ちにするように、建築はまだ見ぬワクワクを生み出すことができるのです。そんな〝森のような建築〟を、これからもたくさんつくり出していきたいものです。

70

びぷれす熊日会館

熊本市中央区上通町

2002年3月竣工。設計は梓設計。
会館の一部である「熊本市現代美術館」が
第9回くまもとアートポリス推進賞を受賞。

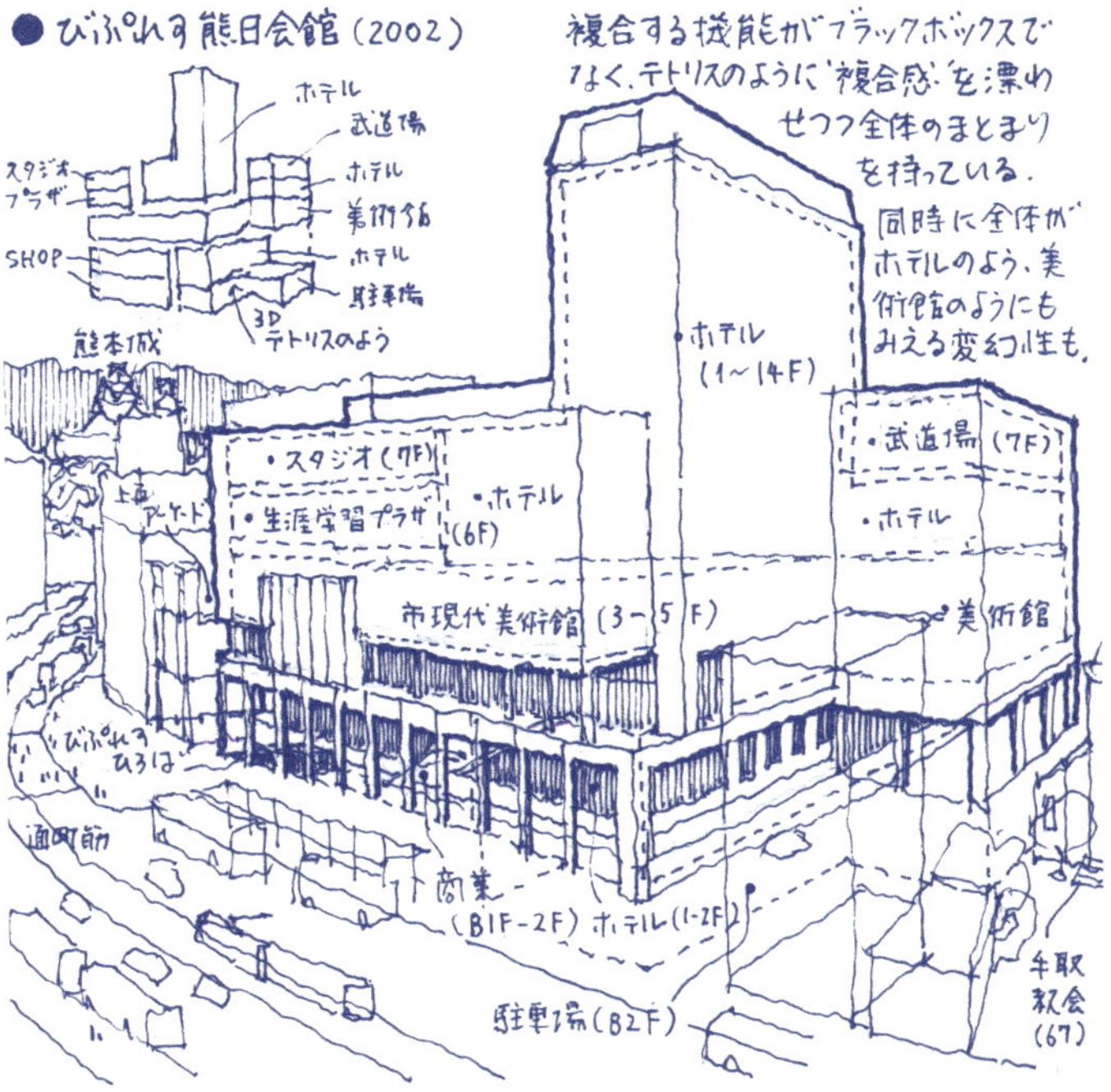

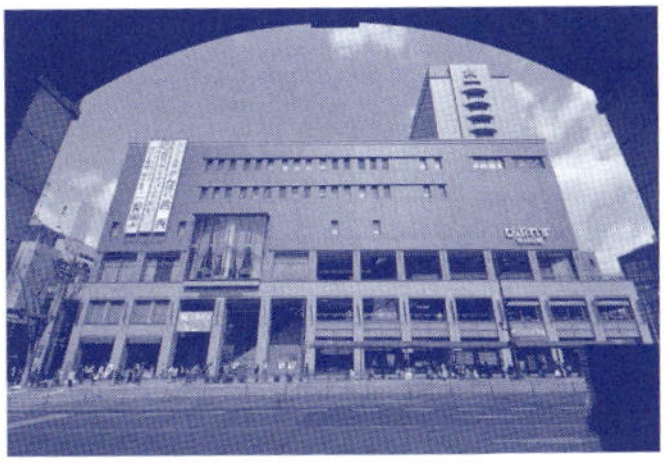

延床面積5万6千平方メートルを超える
大型複合施設であるが、ボリュームの分節、
大小さまざまな窓の配置などにより、
巨大さが緩和されている。

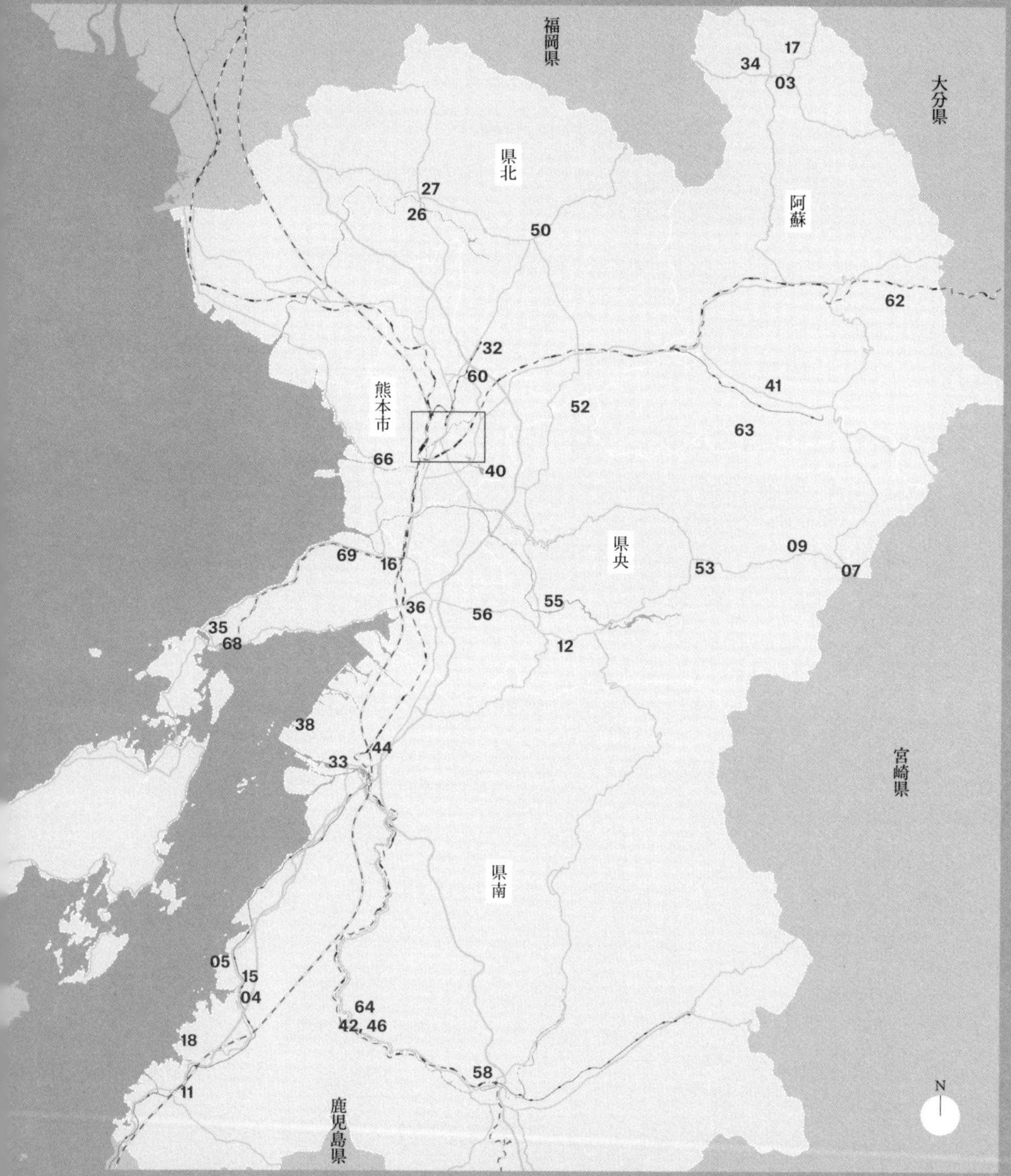
福岡県
大分県
県北
阿蘇
熊本市
県央
宮崎県
県南
鹿児島県
N
17
34
03
27
26
50
62
32
60
41
52
63
66
40
09
69
16
53
07
55
36
56
35
68
12
38
44
33
05
15
04
64
42, 46
18
58
11

2018年2月現在

[熊本・建築の森MAP]

本書で紹介した建築を
地図上に示しました。
数字は掲載番号に対応しています。
＊右頁＝熊本県全域図、左頁＝熊本市内拡大図。

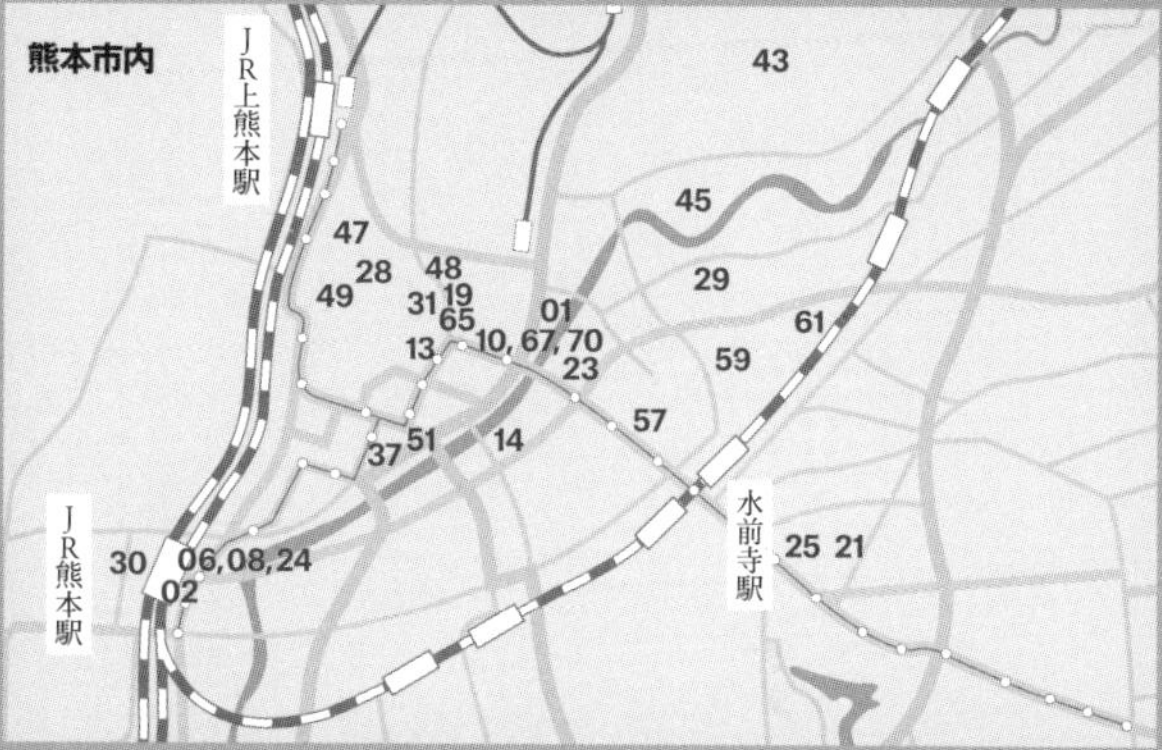

01 熊本中央警察署
02 熊本南警察署熊本駅交番
03 小国ドーム
04 芦北町地域資源活用総合交流促進施設
05 熊本県立あしきた青少年の家
06 JR熊本駅白川口(東口)駅前広場
07 馬見原橋
08 熊本駅前立体横断施設
09 清和文楽館・物産館・郷土料理館
10 PAVILION
11 九州新幹線新水俣駅
12 美里町林業総合センター
13 熊本県医師会館 ＊新会館に改築
14 熊本市医師会館・看護専門学校
15 芦北町立佐敷小学校
16 宇土市立宇土小学校
17 旧小国町立西里小学校
18 旧津奈木町立赤崎小学校
19 熊本県立美術館分館
20 孤風院 ＊個人住宅のため省略
21 ジェーンズ邸 ＊移築検討中
22 苓北町民ホール
23 NTT西日本九州病院 [旧熊本逓信病院] ＊現存せず
24 熊本駅前交流広場
25 水前寺成趣園
26 熊本県立装飾古墳館
27 八千代座
28 熊本県立美術館本館
29 県営山の上団地 ＊現存せず
30 熊本駅新幹線口(西口)駅前広場
31 熊本城
32 熊本県立農業大学校学生寮
33 八代市立博物館・未来の森ミュージアム
34 坂本善三美術館
35 旧高田回漕店
36 不知火文化プラザ
37 早川倉庫
38 松木運輸
39 川の家 ＊個人住宅のため省略
40 水前寺江津湖公園管理棟
41 ストローベイルハウス「すすきの家」
42 球泉洞休暇村バンガロー「final wooden house」
43 リデル、ライト両女史記念館
44 新八代駅前モニュメント「きらり」
45 旧熊本高等工業学校機械実験工場 [現熊本大学工学部研究資料館]
46 球泉洞休暇村バンガロー「Wooden Lace」
47 旧細川刑部邸
48 熊本県伝統工芸館
49 藤崎台県営野球場
50 切明ポケットパーク
51 河原町繊維問屋街
52 阿蘇くまもと空港国内線ターミナルビル
53 田中家住宅[山都町民俗資料館]
54 牛深ハイヤ大橋
55 甲佐町やな場
56 宇城市立豊野小中学校
57 九州学院高等学校講堂兼礼拝堂 [ブラウン・メモリアル・チャペル]
58 熊本県立球磨工業高校学校管理棟
59 熊本学園大学14号館 [60周年記念会館]
60 ニレノキハウス
61 熊本県営新渡鹿団地
62 阿蘇望橋
63 熊本県野外劇場アスペクタ
64 球泉洞森林館
65 日本郵政グループ熊本ビル [旧九州郵政局]
66 熊本市西区役所
67 手取教会
68 JR三角駅舎
69 宇土市立網津小学校
70 びぷれす熊日会館

＊見学の際はそれぞれの所有者や管理者の許可を得るほか、無断撮影は控えるなど、マナーを守りましょう。

おわりに

「熊日で何か建築の連載をしたいので、相談に乗ってほしい」

2011年2月、熊本市現代美術館の学芸員をされている坂本顕子さんから一報をもらい、熊本日日新聞の文化面を当時担当されていた平井智子さんと3人で作戦会議をしたのがコトのはじまりでした。

熊本にはいろんな建築がたくさんあるので、①いわゆる〝建築関係者以外〟のひとに向けて、②建築とひとのあいだを伝える、③建築をキーワードに熊本のまちを読み直す、を目的とし、④最終目標としてムック本をつくりたい‼ 坂本メモにはそう書いてありました。

理系女子（リケジョ）ならぬ〝建築女子〟がカメラを携えオシャレに建築をガイドする、という案もありましたが、「毎回とある切り口で、意外な組み合わせの建築を採り上げ、比較紹介する」というその場で思いつきのアイデアをボソッと喋ったところ「いいじゃん」ということになり、その勢いで連載化に向けての検討が始まったのでした。

そのおよそ3カ月後から「とりあえず1年」ということで連載「KUMAMOTO

建築の森」は始まったわけですが、切り口としてのテーマは設定したものの、それに見合う〝意外な組み合わせ〟をもつ事例選択と、それを支える論旨は数セットしか未だないのにもかかわらず見切り発車。まさに走りながら考える状態で、途中「……ナンカ最近テーマが難しくなってないですか？」という担当の平井さんからの指摘に怯えながら適宜修正を加えつつ、なんとか12回のミッションを達成したのでした。

ホッとしたのも束の間、よくあるパターンなのか「好評なので延長！」と交代した担当の富田一哉さんから告げられ、結局それから2年延長、計35回70件の建築を紹介することに。

計3年間におよぶ嵐のような連載を終え、再び放心状態に浸っていたところ、何かひっかかるものが。そう、アノ「最終目標」を思い出してしまったのです、「ムック本」の件を。

例の作戦会議メモを見返すと、片隅に「ガイドブック」「まちの本」「たのしい」の文字が。確かに今までの建築系ガイドブックは、ビジュアルこそにぎやかなものは数多くあれども、基本的に地図と写真と概要文により構成されているものがほとんどで、読みものとしてはあまりたのしくない。

そこで読みものとしてたのしく、そして現地に行きたくもなり、さらにその情報も書いてある、そんな新しいガイドブックができないかと考えたのです。

そこで彰国社の神中智子さんに相談したところ、テキストと写真だけでなく「スケッチも加えたほうが……」とウマく乗せられ、70件の〝みどころ〟を伝えるスケッチを、これまた大海に漕ぎ出す小舟のような気持ちで出航し、なんとかかんとか描き切ることができました。そしてこれらのテキスト、写真、スケッチを編集担当の和田隆介さんにうまく構成していただいたわけです。

これが、本書が生まれるに至った顛末であります。

上記関係者のみなさまによる幾多の協力がなければ、決して実現することはなかったことは言うまでもありません。この場をお借りして感謝申し上げます。

ということで本書が、建築ガイドブックの新たなかたちとなり、ひとりでも多くのひとに建築の新たな見方や、建築の面白さを知ってもらい、ひとりでも多くのひとが実際に熊本の建築の森を訪れて下さることを願ってやみません。

田中智之

2018年2月

［初出一覧］

本書は、『熊本日日新聞』での連載「KUMAMOTO 建築の森」を見直し、加筆して単行本として刊行するものです。

うつろう	2011年5月20日朝刊
つむぐ	2011年6月17日朝刊
のぞむ	2011年7月15日朝刊
ととのう	2011年8月19日朝刊
ぼかす	2011年9月16日朝刊
おりたつ	2011年10月21日朝刊
あやなす	2011年11月18日朝刊
かえる	2011年12月16日朝刊
つなぐ	2012年1月20日朝刊
いきる	2012年2月24日朝刊
まとう	2012年3月16日朝刊
うがつ	2012年4月20日朝刊
わかる	2012年5月18日朝刊
はさむ	2012年6月22日朝刊
わける	2012年7月27日朝刊
かさねる	2012年8月24日朝刊
もる	2012年9月17日朝刊
かまえる	2012年10月29日朝刊
いかす	2012年11月26日朝刊
おおう	2012年12月21日朝刊
つむ	2013年1月25日朝刊
りんと	2013年2月25日朝刊
かなう	2013年3月22日朝刊
おりあう	2013年4月26日朝刊
もくもく	2013年5月24日朝刊
とりこむ	2013年6月21日朝刊
まもる	2013年7月26日朝刊
はいする	2013年8月26日朝刊
つつむ	2013年9月23日朝刊
かざる	2013年10月28日朝刊
なじむ	2013年11月25日朝刊
とう	2013年12月23日朝刊
すすむ	2014年1月27日朝刊
ひそむ	2014年2月21日朝刊
であう	2014年3月21日朝刊

[著者略歴]

田中智之｜Tomoyuki Tanaka

1971年埼玉県生まれ。

1994年早稲田大学理工学部建築学科卒業。

1996年早稲田大学大学院修士課程修了。

1999年早稲田大学大学院博士後期課程単位取得退学。

早稲田大学専任助手、同大学非常勤講師、
同大学芸術学校客員講師等を経て、2005年熊本大学助教授。

2006年TASS建築研究所設立。2007年より熊本大学大学院准教授。

2014年建築作品による博士号を取得(早稲田大学)。

代表作に「早稲田大学會津八一記念博物館」[1998]、

「吹上の家」[2004]、「京町の家」[2014]など。

主なドローイング作品に「新宿駅解体」[2005]、「渋谷駅解体」[2011]、「東京駅解体」[2014]

(以上「土木展」21_21 DESIGN SIGHT 2016 出展作品)など。

主なプロジェクトに、「熊本駅周辺地域都市空間デザイン」[2005-]、

「熊本市桜町・花畑周辺地区まちづくりマネジメント」[2011-]などがある。

本書は、熊本大学学術出版助成を受けて刊行したものです。
［ドローイング・写真］田中智之
［編集］和田隆介

建築の森・熊本を歩く

2018年4月10日　第1版 発　行

著作権者との協定により検印省略

著　者　田　中　智　之
発行者　下　出　雅　徳
発行所　株式会社　彰　国　社

自然科学書協会会員
工学書協会会員

162-0067　東京都新宿区富久町8-21
電話　03-3359-3231（大代表）
振替口座　00160-2-173401

Printed in Japan
© 田中智之　2018年
印刷・製本　シナノパブリッシングプレス

ISBN 978-4-395-32105-6　C3052　http://www.shokokusha.co.jp

本書の内容の一部あるいは全部を、無断で複写（コピー）、複製、および磁気または光記録媒体等への入力を禁止します。許諾については小社あてにご照会ください。